SNSで儲けようと思ってないですよね？

世の中を動かすSNSのバズり方

福田 淳
ブランド コンサルタント

小学館

SNSで儲けようと思ってないですよね？

世の中を動かすSNSのバズり方

福田 淳
ブランド コンサルタント

小学館

「火事の現場で、火を消している消防士に
出火原因を聞いたことはない。
なぜあなたは火に立ち向かう人生を選んだのか。
僕が聞きたいのはそれだけだ」

ＣＮＮキャスター　ラリー・キング

はじめに

SNSは正しく使わないと意味がない

いいアイディアは人々の消費を動かし、大ヒットにつながる。それが、今のソーシャルメディア時代における大きな特徴です。

そんな時代の潮流を受け、僕のオフィスには日々多くのクライアントの方々が、ソーシャルメディアの有効活用に頭を抱え、来訪されます。

「SNSをどう活用すれば、売上が上がりますか」

「商品やイベントをSNSでハデに盛り上げてもらえませんか」

「SNSをやってみたけれど、成功しなかった」というケースもあれば、「そもそも、SNSってやるべきなの？」という声も少なくありません。そこで毎度僭越《せんえつ》ながら、「これからの時代、ビジネスをソーシャルメディア化しなければ、シュリンク（縮小）する一方ですよ！」と、壊れたテープレコーダーのごとく同じ回答をくり返しています。

実際に、ビジネスを上手くソーシャルメディア化している企業とそうではない企業の違いは、規模の大小を問わず、すでに結果が明らかになってきています。

つまり、**21世紀におけるビジネスの成功のカギは、「SNSの正しい使い方を熟知しているかどうかにかかっている」といっても過言ではありません**。

なぜそこまで断言できるかというと、僕自身がエンタメ業界に身を置き、30年もの間、メディア全般の変遷をすべてこの目で見てきたからです。2007年に僕が創業した株式会社ソニー・デジタルエンタテインメントは、ソニー・ピクチャーズエンタテインメントのモバイル、インターネットビジネス部門として独立し、変化の激しい、生き馬の目を抜くIT業界において、現在創業10年を迎えています。その背景には、「SNSの正しい使い方を熟知していた」という、僕なりの「武器」があるからに他なりません。

この本は、そんな僕の仕事人生を通じて獲得した、「ソーシャルメディアが威力と破壊力を100%発揮する使い方」を、くわしくお伝えした一冊です。21世紀ビジネスのカギであるSNSの有効活用、戦略成功のコツについてお話ししていきますが、まず最初に押さえておいていただきたいことがひとつだけ。

それは、**成功している事例は、SNSをたんなる広告宣伝としてで**

はなく、「ブランディング」として捉えた結果なのだという点です。

ＳＮＳをこれまでの「テレビや新聞に代わる便利なメディア」とだけ考えていると、ソーシャルメディア時代の潮流に乗ることはできません。本書では、今後どんなビジネスに携わる方にも必要となるであろう、この「ブランディング」という考え方についても触れていきます。


僕自身がブランディングとＳＮＳ戦略をプロデュースした仕事の事例のひとつに、プラントハンター・西畠《にしはた》清順《せいじゅん》さんの企画展「ウルトラ植物博覧会～西畠清順と愉快な植物たち」があります。

世界中を旅して珍しい植物を集めている、プラントハンターの西畠さん。２０１５年と２０１６年の2年連続で、銀座のポーラ ミュージアム アネックスで約１ヶ月半にわたり行われたこの企画展では、西畠さんが集めた不思議な植物たちを「アート」として展示しました。

「普段、美術館に足を運ばないユーザー層」をターゲットに、ＳＮＳ

を使ったプロモーション展開を行ったところ、会期中の総来場者数は約2万8千名にのぼり、「総来場者数」「平均来場者数」「一日来場者数」すべてにおいて、ポーラ ミュージアム アネックスにおける新記録を達成しました。

「西畠氏が追い求める不思議な植物」という、素晴らしいコンテンツが何よりの成功要因であったことはもちろんですが、このような小規模イベント（同ミュージアムのキャパシティは約100名）の場合、SNSを活用したプロモーションが非常にマッチしていました（具体的なプロモーションの仕掛け方については、本文132ページでご紹介しています）。

そのような数々のコンテンツプロデュース経験を経て、僕は2017年冬より、ブランドコンサルタントとして独立することになりました。今後は「ブランディング」という切り口により、さまざまなコンテンツを、SNSを含めたメディアで伝播させてゆくお手伝いをしていきたいと考えています。

本書がみなさんのビジネスやライフスタイルを盛り上げる一助となれば、エンタメ業界に身を置く者として、こんなに喜ばしいことはありません。ぜひ、楽しみながらご高覧いただければ幸いです。

Contents

第二章

儲けを考えない。すると、儲かる時代

Contents

第一章

グーグルの検索は、もはや必要ない

企画名　詩歩の絶景トリップ
photo&story by 四方花林 ―三重県編―
企画　ソニー・デジタルエンタテインメント・サービス／詩歩
協力　三重県観光局
http://zekkeitrip.com

「ググる」よりも、「SNS」で聞く時代

2017年現在、「スマートフォン人口はパソコン人口を超えた」と言われています。2016年以降、全世帯のスマホの保有率は70%を超え、10〜20代に限っては、97%と言われています。

2006〜2017年の統計によると、ユーザーのスマホの利用時間は10年間で約10倍にまで増加（図1）。

また、**ユーザーは利用時間のうち、7割をソーシャルメディア（SNS）に費やしている**、ともいわれています。今後はスマホが「外に持ち出せるパソコン」となって、すべての情報を得ることのできる「オールインワン」ツールになる時代がやってくることでしょう。

面白い情報記事がインターネット上に出回った時、僕は仕事柄、「みんな、どのようにしてこの記事を知ったんだろう？」と、ユーザーの行動からデータの推移などを追跡し、分析します。いわゆる「トラッキング」と呼ばれる調査を行うと、「グーグル

〔図1〕

スマホと過ごす時間が増加！

メディア別接触時間の構成比

時系列推移（1日あたり・週平均）：東京地区

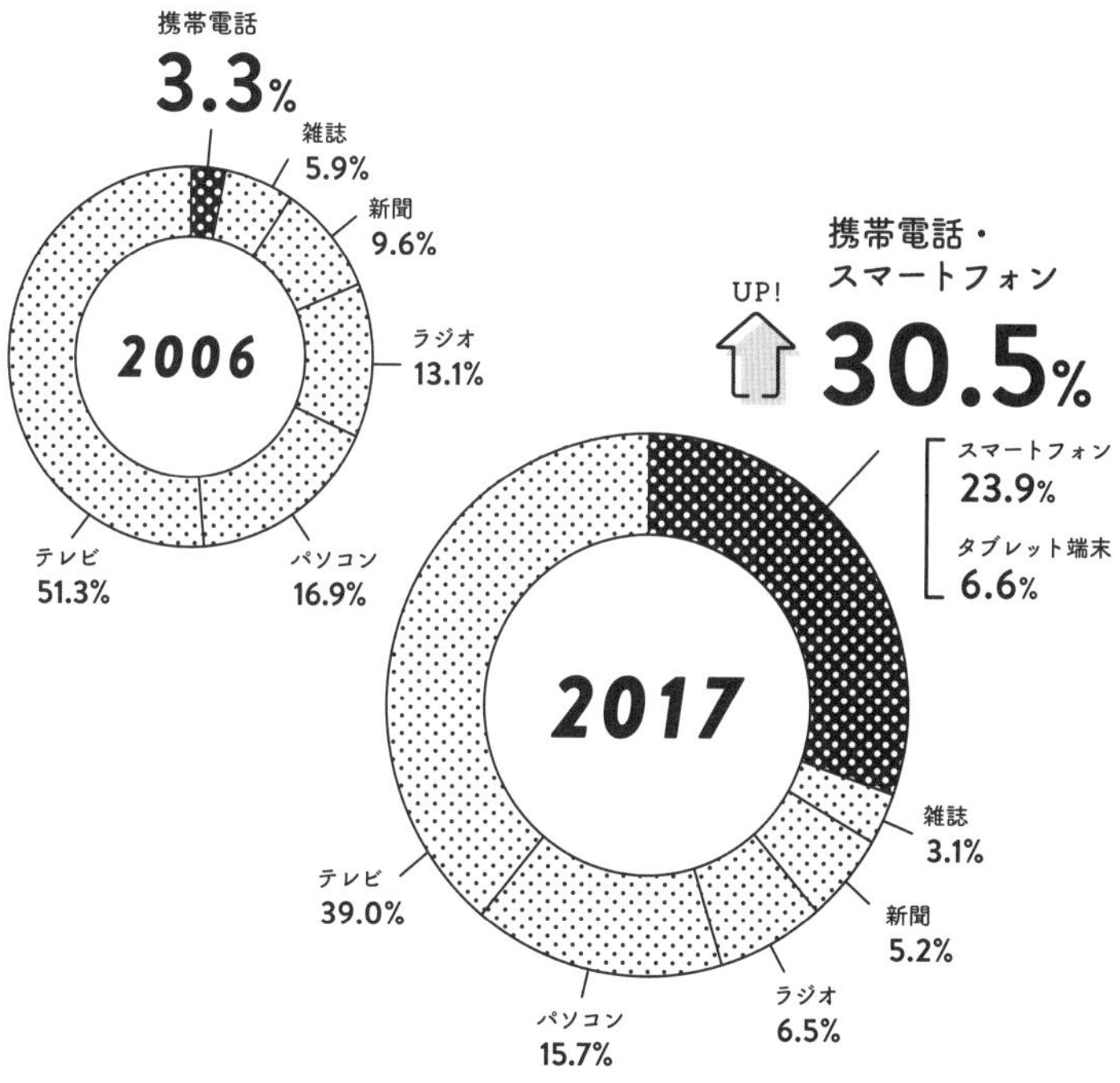

メディア総接触時間におけるデジタルメディアのシェアは年々拡大。近年は「スマートフォン」の接触時間が全体を牽引。「スマートフォン」と「タブレット端末」のシェアは合計で30.5%となり、2017年、全体の3割を超えた。

出典／博報堂DYメディアパートナーズ　メディア環境研究所　メディア定点調査2017より

で検索して知った」という割合がたった2％しかない記事もあることが判明しました。図2からもわかるように、10代においては、検索エンジンを利用している人よりも、グーグルは使わず、ツイッターやフェイスブックなどのSNSから、その記事にたどり着いている人が多いという結果が出ています。

スマホ以前、まだパソコンが主流だった頃、「あの洋服が欲しい」「今度伊豆に旅行をしよう」という時、リサーチの手段は「検索」でした。ところが最近は、SNSでつながっている友達に「どこで売っているか知ってる？」とか、「伊豆でいい宿ない？」と聞く。**つまり、グーグルの検索にまったく引っかからないネット活動が、爆発的に増えているのです**。

これはどういうことかというと、今や多くの人が、必要な情報はパソコンのグーグルからではなく、「スマホのSNSから得ている」ということ。

「日本人は新聞を読まなくなった」と言われて久しいですが、新聞どころか、今やユーザーはテレビの代わりにユーチューブやニコニコ生放送を視聴し、雑誌の代わりにツイッターやフェイスブックを見ています。

テレビを見ていれば、経済新聞を読んでいれば、世の中の流れはおおよそつかめて

〔図2〕

10代の情報収集は、約7割がSNS！
Googleを上回る結果に！

スマホでの情報収集時に利用するサービス
プライベードで「スマートフォン」を利用の回答者

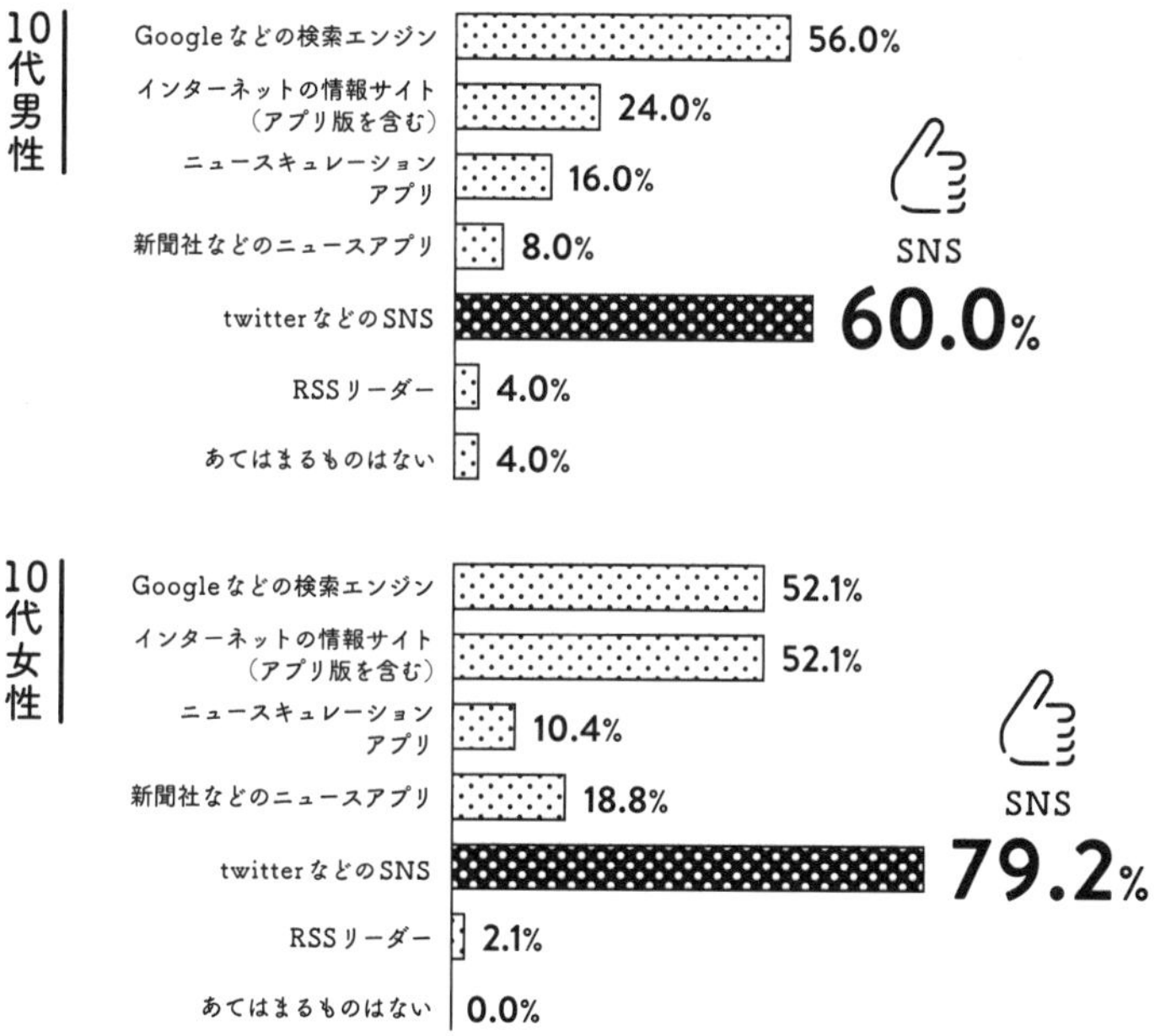

10代に向けた「スマホでの情報収集時に利用するサービスは」というアンケートでは、「TwitterなどのSNS」（男子：60%　女子：79.2%）を使って情報収集する人が最も多く、「Googleなどの検索エンジン」や「インターネットの情報サイト（アプリ版を含む）」を上回る結果に。

出典／Fastask モバイル＆ソーシャルメディア月次定点調査（2017年4月度）より

いたというのは、スマホ以前の話。

SNSによって情報発信元が多様化した今、多くのユーザーは、かつての4媒体メディア（テレビ・新聞・ラジオ・雑誌）には、「自分の知りたい情報はない」と感じています。**このユーザーの言う「自分の知りたい情報」とは、「事実の先にあるもの」**。前述の4媒体が「事実のみ」を報じているのに対して、一方のSNSでは、口コミや世論、裏情報なども知ることができます。

このように、「人から人へ」と伝わる特性をもつSNSを通じて、ユーザーは情報だけではなく、「みんなはこの出来事に対して、どんな風に捉えているんだろう？」という、「時代の気分」を知りたがっているのです。

「20世紀型ビジネス」は、すでに死んでいる

テレビとスマホ。両者は、共存できるメディアです。最近のユーザーは、テレビをつけながら、スマホを見ている。でも、テレビを見ながら、スマホをいじりながら、新聞や雑誌は読みません。

今や情報流通の経路は、その構造自体が、スマホ以前と大きく変わりました。20世紀であれば、企業が新製品を売り出す時はテレビCMや広告を使い、少し誇張して、短期的に大きな媒体でユーザーに認知を広める手法が常でした。しかしソーシャルメディア時代の今は、たとえ素晴らしいパッケージでも、「あまり美味しくない」とか「使いづらい」といった欠点があれば、すぐさま誰かがSNSで「イマイチ」の評価を下し、ユーザーは見向きもしなくなるのです。

その一方で、誰も知らないような小さな個人商店、サービスや商品であっても、「あの目利きの人が、〝いいね！〟をつけていた」となると、状況は一転し、すぐに行列

ができる時代です。20世紀から21世紀にかけて、スマホ以前から以後にかけて、一体何が起こったのか？　まず、その背景を紐解いてみましょう。

ネット、スマホ以前の20世紀型ビジネスにおいては、企業は大量生産したものを大量消費させるべく、工場をつくり、在庫のための倉庫をもち、4媒体メディアを使いながら、広告を打って発展してきました。地上波メディアのみだった時代は、消費者とブランド、工場や企業の間に、テレビCMや新聞、雑誌などのメディアがあればモノは売れたわけです。

これまでは企業が広告代理店に対して、「今度この商品を売りたいから、CMを作って、広告作って、なるべくたくさんの人を広場に集めてね」というような具合で、仕事を発注していました。それも、何千万円単位の広告予算をかけて。

そのようにして「上」から流れてくる情報を目にしたユーザーも、「あの商品を買わなくちゃ！」と購買意欲を刺激されていたのです。「アルマーニのスーツがほしい」「大型テレビが欲しい」。みんながものを欲しがっていたバブル期などはとくに、そういう構造で、消費の世界は成り立っていました。

情報は「人から人へ」シェアする時代に

しかし、メディアの変遷を経てスマホが主流の時代が訪れてみると、ユーザーみずからが、手軽に情報発信することが可能になりました。情報の流れが変わったことによって、商品を「買う・買わない」のスイッチの一部を、ユーザー側がもつことができるようになったのです。

かつて「ユーザー」と「企業」の間に、4媒体メディアが存在していた時代から、「ユーザー」と「商品」との間に、SNSという新たなメディアが存在する時代へと切り替わったことで、情報伝達・産業ともに、その構造自体が変わってしまいました。

ある情報が多くの人に拡散することを「バズる」と言いますが、この表現は「バズ・マーケティング」という、マーケティング用語が由来です。この「バズ（Buzz）」（多くの人が噂するという意味）が起こることで、サイトのアクセス数が上がったり、商品やサービスの売上、ブランド認知が向上したりすることを意味しています。

スマホの発達により、個人の投稿がバズったり拡散したりしながら、かつての広告よりも広く多く、人々に影響を与えられるような産業構造が、メディアの変遷によって「たまたま」「偶然」に生まれてしまったのです。

裏を返せば、商品の欠陥を見破られたり、「儲け第一主義」が透けて見えて炎上を引き起こしたり、ユーザーのクレームひとつで企業を潰すことも可能という、なんとも恐ろしい時代になってしまいました。

2014年、カップ麺やきそばの「ペヤング」は、「商品に虫が混入していた」というユーザーのツイートを引き金に、製造中止に追い込まれました（2015年6月に販売を再開）。この「シェアの時代」という産業構造の変化に気づかず、いつまでも20世紀型ビジネスを当たり前に捉えていると、モノが売れなくなるばかりか、企業理念を問われる局面に立たされる恐れも秘めています。そのことを、このソーシャルメディア時代に生きる僕たちは、肝に銘じる必要があるでしょう。

マスメディアを活用したブランディングがメインだった「20世紀型ビジネス」は、ソーシャルメディアを活用したブランディングの「21世紀型ビジネス」へ、大きく様変わりしている。ビジネスモデルのあり方も、21世紀型に移行しなければ立ち行かなくなっているのですが、この変化にどれほどの人が早く気づいていたでしょうか。

［図3］

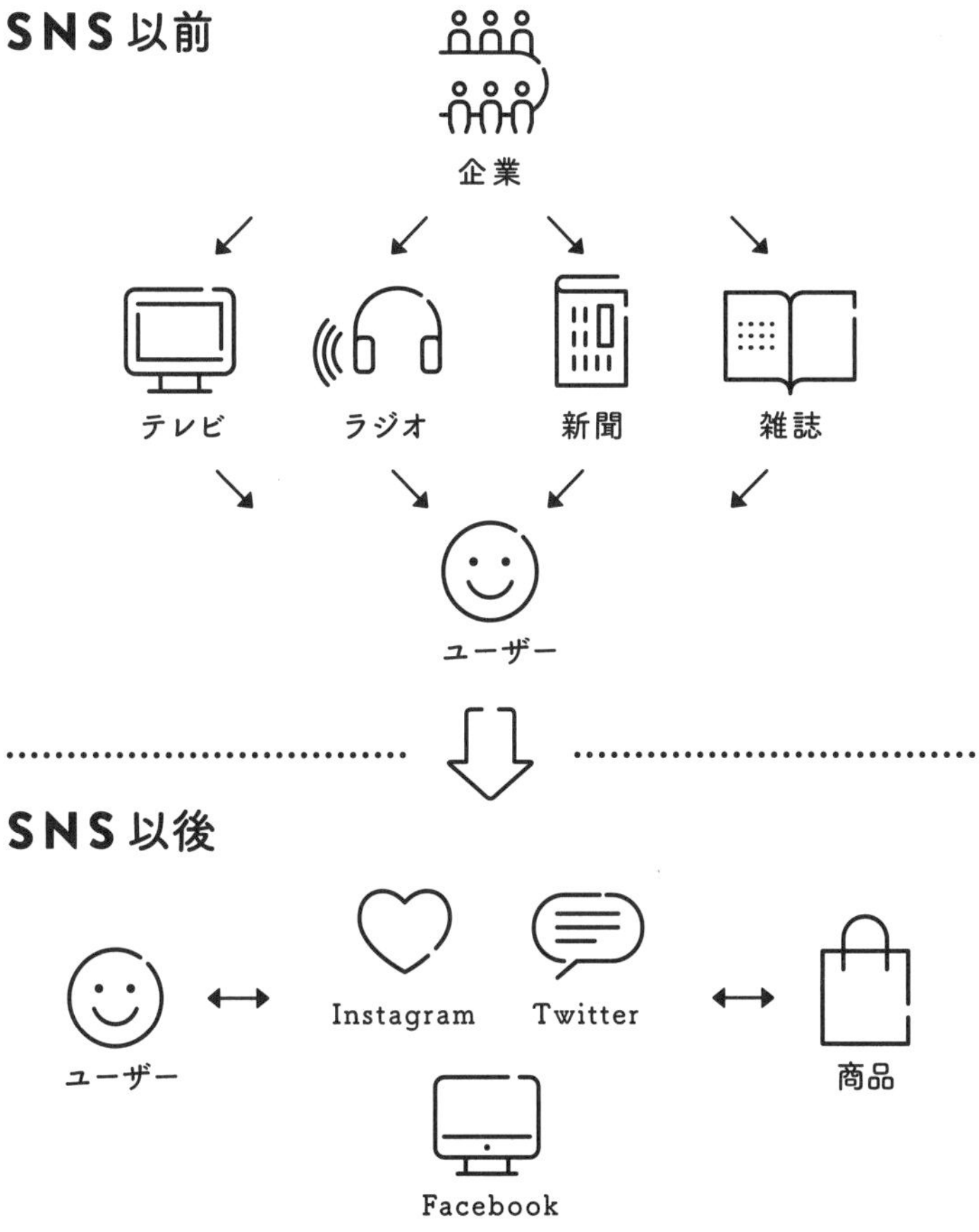

企業とユーザーとの間に「4媒体メディア」が存在していたSNS以前、情報流通経路は「上（企業）から下（ユーザー）に」。一方、SNS以後は、ユーザーと商品の間にソーシャルメディアが存在するようになり、情報流通は「ユーザー（横）からユーザー（横）へ」と変化した。

「SNS」は「横から横へ」

ツイッターやフェイスブック、ユーチューブなどのSNSをしていると、「なぜ、以前見たサイトの広告が出るんだろう?」とか「どうして、自分の趣味嗜好《しこう》が知られているんだろう?」と思うようなウェブ広告が、ポップアップ（ユーザーの意思とは無関係に出現するウィンドウ）されてくることはないでしょうか。

これをIT広告の専門用語で「ターゲティング広告」と言います。

どういうものかというと、広告主のウェブサイトを訪れたことのあるユーザーの「再度の訪問」を促すために、そのユーザーの趣味嗜好や行動を追跡し、SNSの広告の枠でも同じ広告主の広告を表示させるのです。これまでの4媒体メディアを使った「上から下へ」「広く、多く」の広告が「大多数の消費者に向かって、拡声器で広めるような情報経路」とするならば、ターゲティング広告の情報経路は「横から横へ」「浅く、狭く」です。特定のユーザーを狙って、価値のある広告を確実に届ける「伝言ゲーム」のようなものに近いと言えます。

ＳＮＳの世界では、「情報伝達経路」や「人と人とのつながり方」が、リアルな世界とはずいぶんと異なっています。そのため、前述のターゲティング広告のような狭い範囲での告知であっても、充分にその威力を発揮することが可能です。

人のつながり方で言うと、知り合い同士が１対１で顔を合わせるのがリアルな世界だとすると、一方のＳＮＳの世界は、知り合いはもちろん、「知り合いの知り合い」までも、いつの間にかつながってゆく「ゆるやかなコミュニティー」で成り立っています。

そうして、**ひとつの投稿に対して、ＳＮＳ上で同時多発的な「井戸端会議」が発生することにより、多くの人がその情報を「シェア（共有）する」ことになる。**

結果、テレビＣＭのように莫大な広告費をかけずとも、狙ったユーザーのもとに確実に情報を届けると同時に、多くの人に拡散することも可能になります。

このような「ＳＮＳならではの特性」をいかに活用するか。そのことが、21世紀におけるビジネスの成功のカギを握っていると言えるでしょう。

「宣伝目的」に陥っているＳＮＳ

企業が新商品を発売する時、テレビスポットを打って、売り場面積をとれば、それだけで商品が売れたのは20世紀までの話。

「新聞は読まない」「テレビの代わりにユーチューブを観ている」という世代が急増している今、新聞広告やテレビＣＭを大々的に打ったからといって、商品が売れるとは限りません。テレビはメディアとしていまだ強い存在ではあるものの、ユーザーがそれ以上に求めているのは、商品の「必要性」「利便性」「信頼性」といった裏付けです。そのような情報源の役割を果たしているのが、ＳＮＳという「ネットメディア」。そんな時代の変化に対応するためには、ＳＮＳというメディアの定義について、まずは正しい認識をもつことが必要です。

実際におつきあいをさせていただいているクライアントの方からも、「自社商品をＳＮＳでバズらせたい」とか、「自社の創業50周年をＳＮＳで拡散させたい」といったご相談を、毎日のようにお聞きしています。

しかし**大切なことは、「何でもかんでも、SNSさえ使えば成功するというわけではない」ということ。**

これ、とても重要なポイントですから、もう一度言います（笑）。いくら「今やメディアの主流はSNS」とはいえ、SNSだけがプロモーション戦略のすべてではないのです。

たとえば、株式会社博報堂ケトルの代表であり、クリエイティブ・ディレクター、編集者でもある嶋浩一郎さんは、「ビールが飲める書店」というコンセプトの「本屋B&B」（東京・下北沢）のプロデュースでも知られる方です。日本でも屈指の名クリエイティブ・ディレクターである嶋さんですが、このB&Bのオープン時、彼は店の宣伝のために、たった2つのプロモーションしか行いませんでした。ひとつは、「自身が好きな著者の新刊イベントを小規模ながらも毎晩行う」。そしてもうひとつは、そのイベント告知のために、「下北沢の駅前でチラシを配る」。それでも書店「B&B」は、ユニークなコンテンツとして多くの人の興味を惹くことに成功しています。

一方、「キッコーマンの醤油」「日清のカップヌードル」など、みんなが周知していてシェアが高いナショナルブランド企業の定番商品については、もうこれ以上莫大な予算をかけてテレビCMを打たなくとも、必要最低限のプロモーションで充分成功することを企業は気づき始めています。理由は単純で、「その商品のことは、もうみんな知っているから」。

そのポイントにいち早く気づいたことで知られるのが、チョコレート菓子「キットカット」で知られるネスレ日本社です。それまで30億円もかけて行っていたテレビCMをスッパリとやめるという英断を下しました。その代わり、「キットカット＝『きっと勝つ』」という縁起担ぎから受験生への訴求を狙い、「ホテルの従業員から受験生にキットカットを渡してもらう」という取り組みを始めたところ、売り上げが伸びて、5年で利益率を2桁まで高めたのです。

つまり、何が言いたいのかというと**「プロモーションの目的は、SNSを使うことではない」**ということ。大切なのは、あるビジネスやサービス、モノや人を、いかに目指すユーザーに的確に届けるのか、という点にあります。だからこそ、**SNSを使う以前に、まずコンテンツのブランディングを考えることが先決**なのです。前述の下北沢「B&B」のように、ローカルなイベントであればチラシを配るだけで成功するかもしれないし、ネスレの「キットカット」のように、充分知られている商品であれば、テレビCMを打たずとも、人をメディアにする企画力で、その魅力は充分伝わるのかもしれない。

あるコンテンツに対して、どういう設計図（ブランディング）を描くのが、正解なのか。経済新聞を読んでも、広告代理店に聞いてもわからないことをお答えしていくのが、僕のもっとも得意な仕事であると自負しています。

↓「SNSは安価な広告」という大誤解

本書でみなさんにお伝えしたい**SNSの肝は、「＝アドバタイジング（広告）」ではなく、「＝ブランディング」です。**

ブランディングとは、ユーザーの「モノやサービス、企業」に対する共感、信頼を得ることでその価値を高める、マーケティング戦略を意味します。モノやサービスを知らしめる「広告」は一過性の戦略であるのに対し、ブランディングはユーザーや社会との接点を見つける、根源的な戦略であると言えるでしょう。

SNSを「短期的に数字を出せるメディア」とか、「お金のかからない広告装置」と捉えている限り、たとえ躍起になってSNSを使っても、「思うようにバズらなかった」という結果に陥ってしまうでしょう。

そうではなくて、あくまでも「中長期的なブランディングの一手段」としてSNSを活用するのが正解なのです。つまり、SNSでは費用対効果は考えない。

多くの人がＳＮＳを上手く使えていない現状の根底には、「ＳＮＳはテレビＣＭにとって代わるメディア」という大きな誤解があります。そのため、「ＳＮＳをやればバズるはず」という幻想が生まれてしまっているのですが、**本当によく考えなければいけないのは、そのサービスや商品が、「どのメディアの特性に合っているのか」という、根本的なブランディング**なのです。

つまり、ＳＮＳの肝はブランディングであって、広告やキャンペーンではない。じゃあ、ブランディングと広告との違いは何かというと、ズバリ「投資（ブランディング）」と「コスト（広告）」という考え方の違いです。もっとわかりやすくいうと、前者のブランディングにおける投資とは、「中長期的に見て、この取組みが自社や商品にとってプラスになるかどうか」という経営的な視点。後者の広告における「コスト」とは、「費用対効果を上げるための短期的な利益」という営業的な視点です。**ＳＮＳは中長期的なメリットを目指すブランディングですから、極論を言うと、昨日今日で成果が上がらなくても良い**のです。

これまでの20世紀型ビジネスでは、投資的な、経営的視点のブランディングは、企業のトップだけが考えていればいいことでした。前述のネスレ日本社の事例のように、

「30億円の広告費をすべてやめる」というような大きなリスクを伴う決断は、本来は経営者しか判断することができません。さらに、これまではプロモーション戦略をあれこれ考えなくても、例の4媒体メディアが「上から下に」、マスに向かって情報を拡散してくれていたからです。

でも、スマホ時代になった今は、一人ひとりが情報発信をして、みんなでシェアをするという21世紀型ビジネスの時代です。そのため、経営者以外の人たちであっても、営業部の人も宣伝部の人も、個人起業家も自営業の人も、自分たちのビジネスを広く知ってもらうためには、誰もが経営的視点の「ブランディング力」を身につける必要に迫られています。

20世紀型ビジネスから21世紀型ビジネスへと移行した今は、「広告」から「ブランディング」へシフトする、過渡期でもある。**「今期の売上目標を、前年比より何パーセント上げられるか」という、目先の数字だけしか見てないようでは、今の時代にSNSを使いこなすことはできないと断言します**。

21世紀は、ブランディング理念のあるなしで決まる

2006年、仕事を通じて知己を得たジム・ステンゲル氏は、当時米P&G社の幹部、CMO（チーフ・マーケティング・オフィサー）でした。

彼の著書『本当のブランド理念について語ろう～「志の高さ」を成長に変えた世界のトップ企業50』（CCCメディアハウス）によると、アメリカの株価指数をもとに算出された上場企業500社の10年間の投資利益率（ROI）の伸び率がマイナス7・9％であるのに対し、ジムが選んだ50社（残念ながら、日本企業は楽天市場の一社のみ）の伸び率は、なんと382・3％（約4倍）。ジムの選別の基準は明確で、「ブランド理念の有無」という、ただひとつだけだったのです。

つまり、石鹸を売っていても、オムツを売っていても、情報を売っていても、大事なことは、企業ブランドがユーザーに対して、どんな接点をもっているか（あるいは、

もとうとしているか)。ここを明確にしている企業は、一時的な不景気や業績不振に陥っても中期的には業績を伸ばしています。

反対に、目の前の数字や、従来型の短期的なマーケティングに振り回されている企業ブランドは、ただ「この石鹸を売りたい」ということで頭がいっぱいになっている。

その一方で、ブランド理念のある企業であれば、「石鹸を売ることで人を清潔にする」という志から、「第三国においては疫病を防ぐ」という社会貢献にまでその目的は広がり、まったく違う展開になっていくわけです。

ちなみに、ジムとそのチームが調べた、いくつかのナショナルブランドや企業の理念を列挙すると、次のようになります。

・コカ・コーラ「幸せな時間をつくり出す」
・グーグル「あらゆる好奇心を瞬時に満たす」
・IBM「賢い地球を築く」
・ルイ・ヴィトン「人生という旅を上質で濃密な経験にする」

・メルセデス・ベンツ「人生における成功の象徴となる」
・モエ・エ・シャンドン「お祝いの場をつくり出す」
・パンパース「わが子の健康で幸せな成長を望む母親の手伝いをする」

ほら、どうです？ それぞれの企業の思いに、何かピンときますよね？

モエ・エ・シャンドンは、たんにお酒を売りたいわけじゃない。商品を通じて、パーティーを盛り上げたいんです。ＩＢＭは、開発した商品を売るだけじゃなく、それをベースに、地球上に住んでいるわれわれ人類の知識を飛躍的に良くしたいんです。パンパースは、子どものオムツだけじゃなく、世界中の母親の育児を助けたいんです。

通信販売会社のジャパネットたかたの創業者である高田明《たかたあきら》さんは、高級カメラを「スマホより綺麗に撮れるカメラ」なんていう売り込みはしません。「こんな立派なカメラでお孫さんを撮ったら、お孫さんが大人になった時、〝なんて素晴らしい画像の写真なんだ〟と喜ばれることでしょう」と、語りかけるんです（ちなみに、ジャパネットたかたのブランド理念は「〝今を生きる楽しさ〟を！」）。こうしたブランド理念がしっかりしているからこそ、その商品は長きにわたってユーザーに愛され、企業はその恩恵を受け伸びていくのです。

真のマーケティングとは、ユーザーの信頼を得る「ブランド理念」を探す旅です。

SNSにおいても、それはまったく同じこと。一見遠回りに見えても、急がば回れで、まずはブランディング設計をしっかりと構築することが肝です。

もしもあなたが、「来月までに、なんとしても売り上げを出せ！」なんて言われる会社にお勤めならば、まずは自分が関わっている**その商品やサービスがどうして世の中に必要なのか、社会との接点は何か**、今一度、考え直してみてください。同僚や上司、場合によってはトップと会話する場をもってみるのもいいかもしれません。すると、**目指すユーザーが、その商品やサービス、自社にたどり着く動線が見えてくる**はずです。

SNSは「嘘」が命取り

以前、炎上騒動のあったとある企業から、「SNSでイメージアップ戦略を図りたい」というご依頼が来たことがありました。

しかし、打ち合わせを重ねた結果、丁重にお断りをさせていただきました。それは、たんに「炎上した企業だから」という理由ではありません。その企業の今後の経営方針や提供するサービスを何度もヒアリングさせていただいた結果、「こちらがいいと思えないものを、よく見せることはできない」と判断したからです。

決して格好つけでお断りをしたわけではなく、**「SNSでは、嘘が何よりの命取りになる」**ということを、僕は痛いほど熟知していたからです。

テレビCMや広告においては、「こんな有名人の方もおすすめしています」とか、今も洗剤のCM等によくある「こんなに汚れが落ちました」というような手法は健在で、以前ほどではないにしても、宣伝効果はまだあります。しかし、僕自身が「好き」でも「いい」とも思えない商品を、あたかも「いいですよ」「お得ですよ」とSNS

で宣伝することは、そもそもの「SNSはブランディングである」という原則から大きく外れることになってしまいます。

ステルス・マーケティング、通称「ステマ」という言葉も、随分一般的になりました。「消費者に宣伝と気づかれないように宣伝活動を行うこと」をステマと言いますが、以前「この美顔器について、SNSを使って広めてください」という依頼を受けた女性タレントのSNSが炎上しました。理由は簡単で、ユーザーがすぐに「この投稿はステマである」と見破ったから。その後、本人も芸能界から姿を消してしまうという憂き目に会いました。

この時、せめて投稿に『#PR』のハッシュタグをつけていれば、炎上のリスクは逃れられたかもしれません。ハッシュタグは、元来ツイッターのユーザーが始めたルールで、その後公式ルールになったもの。「#」に続けて設定したいワードを入れることで、該当ワードが検索画面で一覧できるようになるので、「同じ興味をもつユーザーの目に留まりやすくなる」という効果があります。

『#PR』をつけることは、「これはお仕事の一環なんですよ」「みなさんをだまして宣伝していませんよ」と、投稿の意図を正直に伝える役割を果たします。するとユーザーもあらかじめ、「あぁ広告ね」と理解することができるのですが、『#PR』のないステマ投稿については、すぐさまユーザーは「これ広告じゃん！」と見破ってしまいます。

スマホ時代になり、個人が自由に発信できるソーシャル時代においては、一般ユーザーも業界人化しています。そのため、「これは作られたクリエイティブだ」と、こちらの思惑はすべてバレてしまう。SNSのブランディングにおいては、この背景を決して軽く捉えてはいけないのです。

SNSでバズるのは「本当にいいもの」だけ

既存のテレビCMや広告メディアをあえて「拡張表現」メディアと定義するならば、**SNSは良くも悪くも、「リアルが透けて見える」メディア**です。

ネットの世界では、ユーザー一人ひとりが日本広告審査機構「JARO」のようなもの。くり返しになりますが、SNSは広告ではなく、中長期的なスパンでもって仕掛けるブランディングですから、ある企業・商品に対する親近感、信頼感をユーザーに感じてもらうことが必要です。そのためには、たとえ費用対効果がテレビCMより悪かったとしても、新商品やキャンペーンなどのタイミングではSNSを使う意味があるのです。その時こそ、SNSを「本当にいいもの」「いいと思ったもの」を拡散するための武器として使えば、それは真の威力を発揮するでしょう。

そんなソーシャルメディア時代において問われるのは、いかに素直に、フィルターをつけずに、世の中の流れやマーケットを見て、クライアントのオーダーや商品のプロモーションにマッチさせていくかということ。「目の付けどころ」を間違えると、SNSの世界では、あらゆるブランディングも失敗に終わります。

SNSを活用するためには、ブランディング以前に、もうひとつ大切なことがあります。

それは、**「コンテンツそのものが魅力的でなければ、ユーザーの心をつかむことはできない」ということ**。スマホから大量に溢れる情報の中から、いかにユーザーが共鳴共感できるストーリーやアイディアを提供することができるのか。ソーシャルメディア時代においては、たんに「デジタルを使ったプロモーションをやればよい」というのではなく、「どうすればユーザーの心をつかむことができるのか」について、もっともっと考えていく必要があります。

大切なことは、「いいアイディア」「いいストーリー」「面白い人を見つける」など、「ユーザーが共鳴共感するコンテンツ」づくりです。なぜなら、どんなにメディアや情報伝達のインフラが激変しようとも、人間の24時間は変わらないから。たとえば恋愛コンテンツで言うと、僕の上の世代（60代）にとっては映画『キューポラのある街』であり、コミック『愛と誠』であり、僕の世代（50代）で言えば、ドラマ『東京ラブストーリー』だった。今の世代で言えば『君の名は。』が、みんなの心をつかみました。

スマホやタブレットなど、どんなメディアの入れ物が出てきたとしても、友達と遊んだり、誰かと愛しあったり、人間の24時間は変わらない。つまりコンテンツだけは、本質的な存在意義が不変なのです。そう考えると、メディアの変化を予測しようと必死になったり、終わりゆくメディアにしがみつこうとしたりするのは意味がない。それよりも、徹頭徹尾コンテンツにこだわっていくことが、ソーシャルメディア時代を乗り切る秘策になります。

良きマーケッターは「良きインタビュアー」であれ

僕が日頃から心がけているマーケティング、ブランディング戦略をあっさり明かしてしまいますが、それは、クライアントから「本当にいいもの」を引き出すことです。「本当にいいもの」とは、ものづくりにおける誠実さの場合もあるし、企業理念そのものの場合もあります。いずれの場合も共通しているのは、**「ユーザーファースト」の視点がどこに埋もれているか**。社会とユーザーをつなぐ、その一点を見つけ、探っていくことに時間をかけた方が、商品やプロジェクトの欠点を必死で補おうとするよりも、素晴らしいブランディングにつながるからです。

その「本当にいいもの」を探るために、企業の場合はまず経営者の方に、個人の起業家の場合でも同様に、ご自身のビジネスのルーツや思い、「なぜそれをしたいと思ったのか」という原点の部分を、僕は毎回、徹底的にヒアリングをします。**良きマーケッター、そしてブランド・コンサルタントは、良きインタビュアーになっていい質**

問をたくさんして、「あなたがユーザーに伝えたいことは、そこなんでしょう！　そこをもっと聞かせてくださいよ！」というところまで見つけなければいけない。なぜなら、そこには必ず、ブランディング設計の成功の種があるからです。

ラリー・キングというCNNの名物キャスターは、かつて「あなたは他のインタビュアーとどこが違うのですか」という質問に対して、こう答えていて痺れました。「火事の現場で、火を消している消防士に出火原因を聞いたことはない。なぜあなたは火に立ち向かう人生を選んだのか。僕が聞きたいのはそれだけだ」

ラリー・キングではないけれど、僕も同じように、根本的なことが聞きたい。そのためには、立場や年齢を超えて、いいインタビュアーにならなければ、いいマーケッターにもなれない。「なんで、そう思ったんですか」あるいは「なんで、そう思わなかったのですか」。自称「どうしてどうして少年」の僕は、いつもこれを聞くようにしています。

自社の売りたいもの、商品の良さを何よりも知っているのは、じつはクライアント自身です。あるいは、「これ、ユーザー的にはどうなんだろう？」と試行錯誤を重ねている開発者の方の場合もあります。でも、ご自身でも頭の整理ができていない場合が多くて、「本当にいいもの」ではなくて、「それらしいもの」とか、「いいと思われそうなもの」をブランディングのコンセプトに置いてしまうことが多々あるのです。

そういう時は、非常に申し訳ないけれども、「社長のおっしゃるそのコンセプトは、果たして本当に、世の中から求められているでしょうか」と切り込んでしまうことはあります。

以前、「アンメルツ」など、肩こりや筋肉痛緩和の商品で知られる小林製薬会長の小林一雅《こばやしかずまさ》さんに、アンメルツ発売50周年のプロモーションについてご提案させていただいたことがありました。「ソーシャルメディアでも、何か盛り上げましょう！」と、僕が一方的にしゃべりまくっていたのですが（笑）、その時のプレストから、「小林製薬さんの本当にいいもの」とは、会長の小林氏の思いそのものにあると感じました。

その思いとは、「どうにかして日本人の肩こりを治したい」という、発売時からのテーマです。「日本人のために、肩こりをなくす」という商品理念にこそ、ユーザーが共感するストーリーがあるのではと感じた僕は、「日本人の肩こりはなくならず、むしろ、21世紀になって、〝スマホ肩〟という肩こりが出てきたのではないですか？」とお話ししました。

「デジタルであるかどうかより、御社がずっと、〝日本人の肩こり〟という、終わりなき闘いに挑戦し続けているという姿勢を伝えることが大事なのかもしれないですね」と、自分の思いをそのままお話ししました。

さらに、「たとえば、〝スマホ肩用のアンメルツ〟なんていう商品があれば、その商品そのものが、御社のブランディングになるでしょうね」とお伝えしたところ、会長はとても面白がって下さり、非常に有意義なブレストになりました。

SNSを使ったブランディングの方向性を決める際には、もっともらしい理由しか見つからない時、僕はGOサインを出しません。「なぜそう思ったのか」という、本当の理由。ただ一点の「解」にたどり着くまで、因数分解の質問を繰り返しながら、徹底的にインタビューをしていきます。

ⓥ「絶景」と三重県のコラボレーション事例

2016年、ご縁のあった三重県の鈴木英敬《えいけい》知事が、「伊勢志摩サミットを控えているので、三重県のことをSNSでばーっと盛り上げたい」というお考えを偶然知ったのが、このプロジェクトのきっかけでした。

この時、三重県では次のような課題を抱えていました。

①県内の5つの地域に観光資源が存在しているが、距離が離れているため、観光客が周遊しにくい

②ウェブを活用した地域ブランディングを行いたい

③2016年5月の伊勢志摩サミットを契機に、外国人観光客誘致を拡大したい

そこで僕は思わず、「いや、ばーっとは盛り上げないでいきましょう!」と、三重県庁に乗り込み、その場で猛然とプレゼンをさせていただきました(笑)。

当時三重県は交通アクセスの事情から、インバウンド率が10％にも満たない場所でした。でも今のアニメの「聖地巡り」現象を考えると、たとえアクセスが不便な場所であっても、有名なシーンに登場するスポットであれば、多くの外国人が訪れています。

このような自治体の町起こしプロジェクトは、とかく「松阪牛があります」とか「伊勢海老が美味しいです」「伊勢神宮に行きましょう」といった、名産品や有名観光地に焦点を絞ったイベントになりがちです。しかし旅の良さというものは、「その土地に訪れなければ触れられない景色、知り得なかった人」ではないかと僕は考えました。「未知の世界に行ってみたい」という冒険心と、「そこに暮らす人たちのことをもっと知りたい」という好奇心。それらが原動力となって、人は初めて行動を起こすものであり、ソーシャルマーケティングの根本はそこにあると感じたのです。

短期的にインバウンド率を上げる施策であれば、「関西圏だけのキャンペーンをやりましょう」というのもアリですが、それよりも静かに継続的に、三重県の良さをアピールしていくことで、中長期的にインバウンド率を高める方が有効であると判断したのです。

「スタンプラリー的な旅」ではなくて、人の温かさやその土地の文化、問題意識にリアルに触れることこそ、本当の豊かさであり、「本当にいいもの」。

そこで、「〃まだ知られていない場所〃を上手く見せることによって、〃行ってみたい！〃と思わせるブランディングにしませんか」と、提案させていただきました。

このプロジェクトの「目利き役」となっていただいたのが、絶景ハンターとして、『死ぬまでに行きたい！　世界の絶景』シリーズの著書でも知られている詩歩《しほ》さん。「そのシーズン、その場所に行かなければ体験できない絶景を、詩歩さんに見つけてもらう」というコンセプトで企画プロデュースを行いました。

この時、従来のような「山手線で広告を打ちましょう！」という、「バーッと盛り上げる」プロモーションもできなくはなかったのですが、その広告を目にしたところでユーザーは、「写真がキレイに処理されたもの」と思うだけ。そうではなく、詩歩さんのような目利きのフィルターを通すと、「三重県はどう見えるのだろう？」という視点を大切にしました。

詩歩さんの協力により紹介した「絶景」は、志摩自然学校提供による、英虞湾《あごわん》の水面に浮かんで遊べる人気アクティビティ「海底が見えるウォーターボール」体験、「現地の人にもあまり知られていない秘境」と名高い木津呂《きづろ》集落、美しい星空が見える世界遺産・鬼ヶ城《おにがじょう》の洞窟。

この3ヶ所をフォトストーリー仕立てにし、月間200万視聴を誇る訪日外国人向けサイト「MATCHA」にて、8か国語の記事配信を行いました。結果先方からは、「特設サイトでの絶景コンテンツの紹介、インフルエンサーの活用、インバウンド向けの情報発信が同時に実施できたことから、三重県の観光振興に大きく寄与したプロジェクトでした」と、高い評価を得ることに成功したのです。

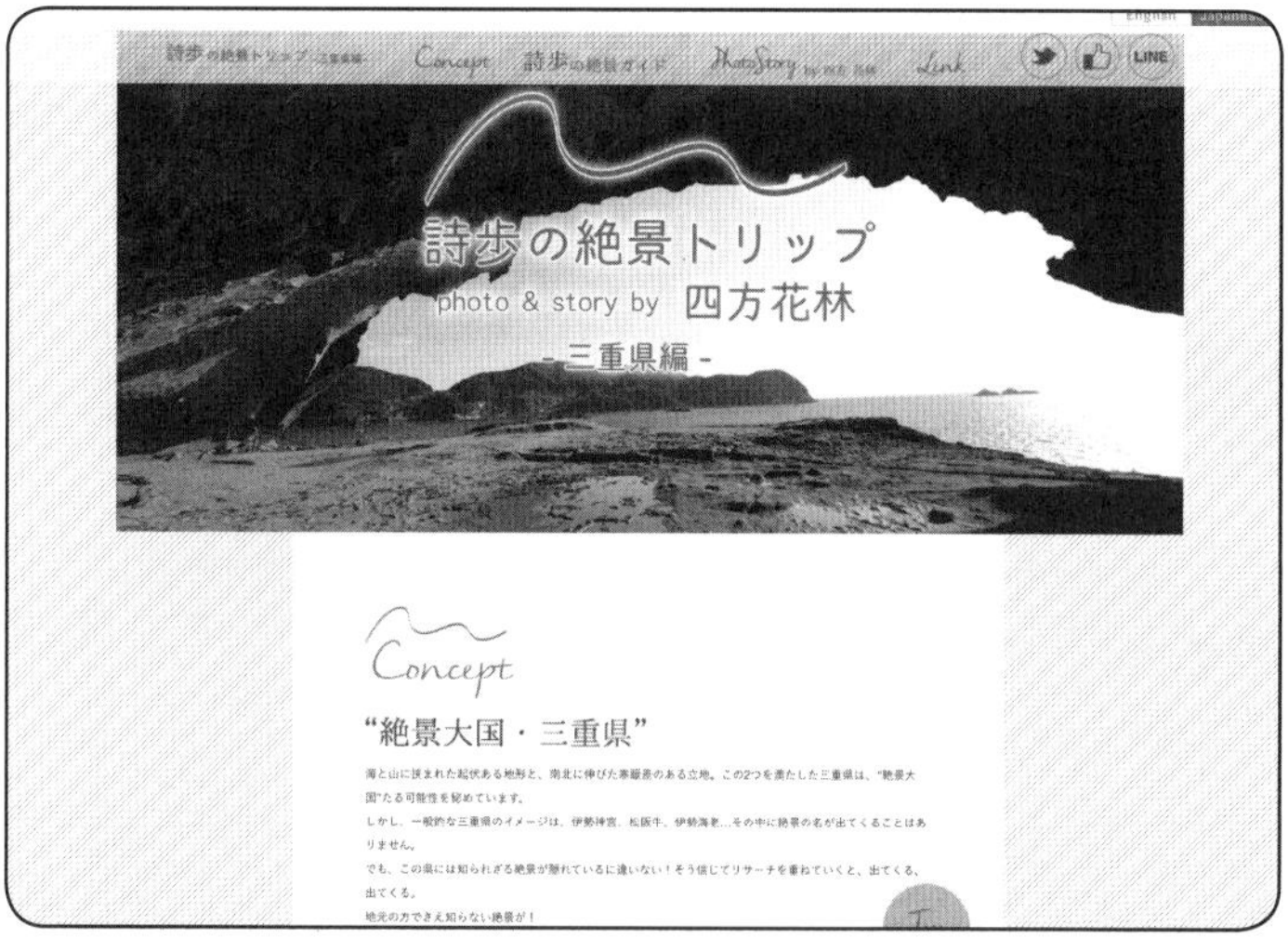

「詩歩の絶景トリップ photo & story by 四方花林 —三重県編—」。ソニー・デジタルエンタテインメントによる地域ブランディング。ベストセラー『死ぬまでに行きたい！　世界の絶景』シリーズ著者の詩歩が、みずからの足で「絶景」を探し出すウェブプロジェクト。

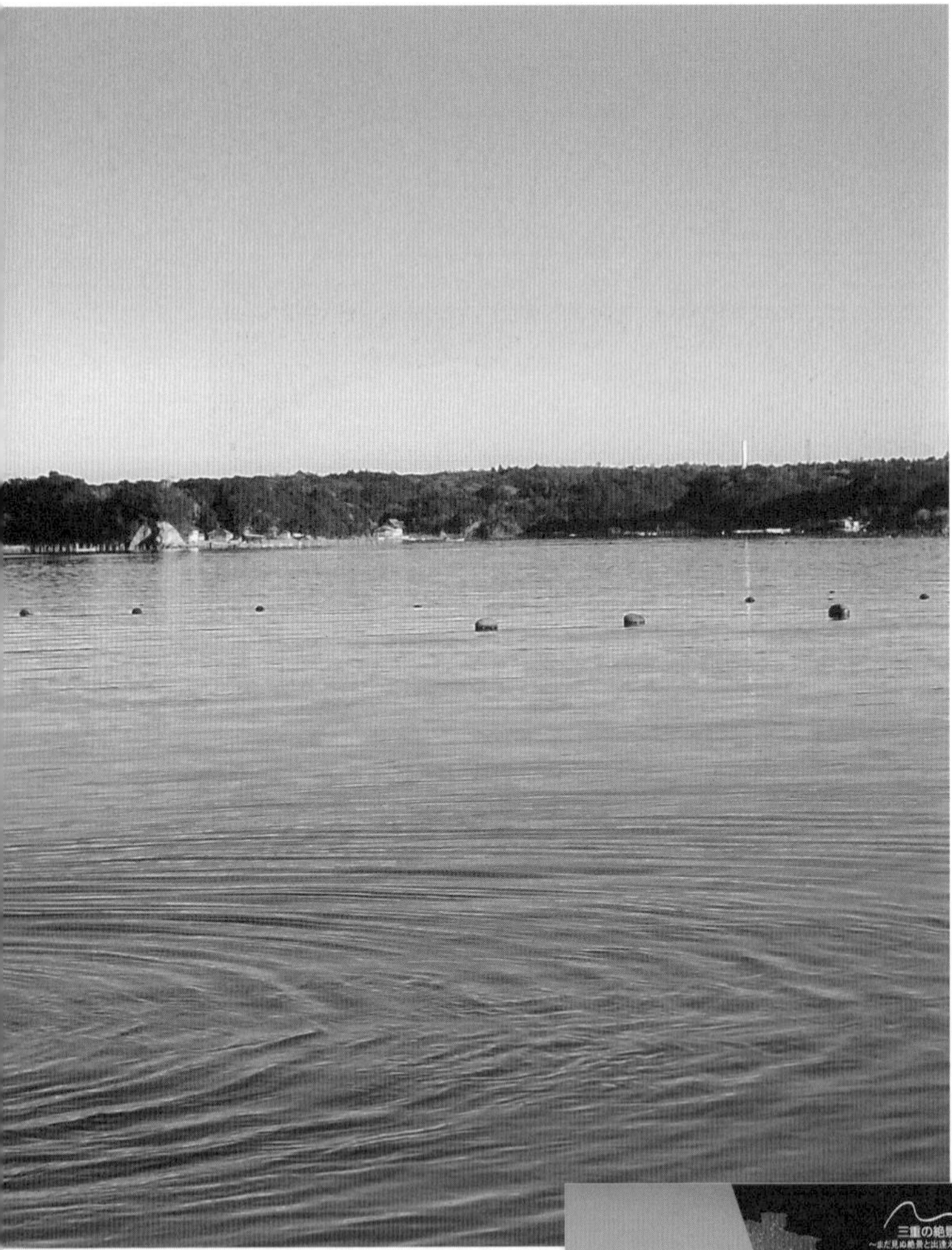

サイトの写真は、三重県県庁職員の名刺裏デザインにも採用。向かって左が絶景ハンター・詩歩。右は世界遺産・鬼ヶ城の夜の星空。

写真は、英虞《あご》湾の水面に浮かぶウォーターボールを実際に体験する詩歩。

（写真上）英虞湾を見下ろす絶景。（写真下）三重県・和歌山県・奈良県の県境付近にある集落「木津呂《きづろ》」。北山川の大蛇行によって作られた珍しい地形の絶景は、登山をしなければ見ることができない

第1章のまとめ

⇩ SNS以前に大切なのは、
モノ・サービスのブランディング設計である

⇩「モノ・サービス」と「ユーザー」と「社会」。
この接点を探し出すまで、深掘りをする

⇩ SNSユーザーに共鳴共感を与えるのは、
本当にいいコンテンツだけ

⇩ 目先の売上だけを見ていると、
SNSでは失敗する

⇩ SNSでは、嘘は命取り

第二章

儲けを考えない。するという、儲かる時代

「プラ子旅する。」
作者　プラ子（栗山さやか）
イラスト　堀本勇樹
出版社　ソニー・デジタルエンタテインメント

これからの経済は、「ペイ・フォワード」

今やメディアの主流となったSNSが、「費用対効果を考えないブランディングである」とするならば、ソーシャルメディア時代においては、「目先の数字にとらわれない」という考え方がカギとなります。では、その目的は？　くり返しになりますが、「ユーザー」と「社会」との接点を見つけ、いかに企業価値を高めるかにあります。

ケビン・スペイシー主演『ペイ・フォワード』という映画をご存じでしょうか。アルコール依存症の母親とDVの父親をもつ中学生の少年が、「自分が受けた善意や思いやりを、その相手ではなく別の3人に返していくと、理論上何日で世界は良くなるだろうか」ということを試す物語です。

この映画のテーマ同様に、**世の中は「わらしべ長者」で成り立っている。社会に良いことをして、その連鎖でお金が返ってくるというのが、じつは経済フローのしくみ**

です。何もスピリチュアルなことを言いたいわけではなくて、「自分だけよければ」という「自分ファースト」でストックしようとしている限り、お金はフローして回らず、脳溢血《のういっけつ》を起こしてしまうというのが、経済のしくみだからです。**人間の体と同様、経済は循環すればするほど、世の中は発展していきます**。

トランプ氏の大統領就任後、「アメリカファースト」の保護主義に批判が集まりました。トランプ氏の言い分は、「アメリカは、自分たちで車を作る。日本はアメリカで商売したいんなら、2・5％関税払え」というもの。しかし、この保護主義によって敵ばかり作っていると、アメリカに何が起きるか。一部の経済学者からは、「保護主義によって、アメリカのGDPは4％下がる」という声が出ています。

「自国の利」ばかり主張していると、車を製造するにも、必要な部品が他国からアメリカに入らなくなる。そのことによって、「かえってマイナスになっちゃうよ」という話です。

とはいえ僕も、これまでのビジネスでは、「企業ファースト」の思考に陥って、数々の失敗をしました。自分を助けてくれるものは「多様性」しかなく、映画『ペイ・フォワード』ではありませんが、自分ひとりでやるよりも友達二人、二人よりも三人と、多くいた方がヘルプをもらえるし、「いいこと」の連鎖も広がりやすい。

なぜそんな話をしているのかというと、この**経済のしくみと、「みんなでいいことをする」という考え方は、じつはＳＮＳのブランディングにそのまま当てはまる**からです。

ＳＮＳと言うと、とかく炎上騒ぎにばかり注目が集まりがちです。でもＳＮＳには、「みんなでいい情報、アイディアをシェアして、社会を良くしようよ」という発想から始まって、「目先の数字ばかり追いかけなくてもいい、しゃかりきに働かなくてもいい世の中にしていこうよ」という、ポジティブな側面だってあるわけです。どうせなら、そちらのハッピー視点に立った方が絶対にいいと思う。

ソーシャルメディア時代の今は、競争原理主義とか、儲け第一主義にしがみつくと、かえってうまくいきません。僕が日頃、「儲けは考えていません」とか、「徹頭徹尾、コンテンツがすべてです」なんてことが言い切れるのは、そういう理由があるからなのです。

「儲けを考えない」と「儲かる」時代

僕が自分の仕事においてテーマにしていることは、「クリエーションで世界を変える」「アイディアで社会を良くする」というふたつ。**とくに大切にしているのは、「その商品やサービスは、本当に世の中に必要なのか」という観点で物事を見ること**です。

みんながモノを欲しがった時代が終わり、モノは充分行き渡った今、金儲けのためだけにビジネスをすることに対して、僕は一抹の疑問を感じています。これからはむしろ、「本質的に必要な商品やサービス」しか、残っていかないのではと思います。

ソニーの歴史を見ても、「こんなものがあったらいいな」というモチベーションのもとに生まれた「ウォークマン」という商品が大ヒットになりました。1970年代当時の会長・盛《もり》田《た》昭《あき》夫《お》氏の「歩きながら音楽を聴きたい」「きっとユーザーも、こんな商品があればワクワクするだろう」という「ユーザーファースト視点」から、「ウォークマン」という商品は生まれました。

反して、「もう工場も作っちゃって、従業員も組織もいっぱいあって、それを作り続けないと回らない！」というユーザーの需要とは無関係の、「組織・企業ファースト視点」で商品を売っていくことは、今の時代、非常に難しいでしょう。かつてたくさんモノが売れ、いい時代があったにもかかわらず、ソーシャルメディア時代の到来によって業績不振に陥ってしまった企業は、そのことにもっと早く気づくべきでした。「誰かが勝てば、誰かが不幸になる」という競争原理をビジネスの基本とするならば、「儲けを考えないなんて、カッコつけてるだけじゃないの」と思われるかもしれません。しかし、ソーシャルメディア時代の21世紀社会では、ものづくりを一切しない企業が急成長している、という現状があります

わかりやすい例で言えば、グーグルやフェイスブックでしょう。グーグルの場合は、ネット上にある情報をインデックス化し、整理しただけで巨大企業になりました。人々が日記を書いてつぶやくだけの、まるでミニコミ誌のようなフェイスブックも今や巨大産業になったわけですが、いわば「情報加工業」のようなビジネスであり、彼らは20世紀型のものづくりは一切していません。しかし、それらは「ユーザーに求められている、本当に必要なサービス」だった。だからこそ、時代のニーズにマッチし、飛躍的に発展したのだと思います。

「ソーシャルデザイン」という発想

サンタモニカにある「ナイキショップ」は、非常にユニークなコンセプトで展開しているることで知られています。

ただシューズを売るだけではなく、朝8時頃にショップに行くと、複数のプロのランナーが待ち構えています。お客様は自分の好きなプロランナーのチームに入って、みんなで一緒にビーチ沿いを走ることができる。つまり、シューズを売るだけではなく、ランニングのコミュニティーを通じて商品を訴求しているのです。「コミュニティーを通してランナーを増やせば、その人も新しいシューズも買ってくれるだろう」という発想。つまりこれは、商品と同時に「体験を売っている」ということになります。

このような発想のことを「ソーシャルデザイン」といいます。

「ソーシャル」という言葉は、直訳すると「社会的な」とか「人と人」といった意味合いをもつので、本書のテーマであるＳＮＳ（ソーシャルメディア）は、「人から人へ伝達するメディア」という解釈になります。

そして「ソーシャルデザイン」とは何かと言うと、「アイディアで世の中を良くするには、どうしたら良いのか？」という発想が前提となっている新しいビジネスモデルのこと。アイディアやデザインなど、クリエイティブによって社会が抱える課題を解決し、たんに利益を追求するだけではない、より良い社会をつくることを目的とした考え方を指しています。このソーシャルデザインの考え方は以前からあったものの、ＳＮＳの広まりとともに、近年急速に、需要が高まりつつあります。

起業して以降、僕が一貫してこだわっているのは、「クリエイティブで人助けをする」という、このソーシャルデザインを前提にしたビジネスモデルです。

最初のきっかけは、２０１１年の東日本大震災でした。当時はまだガラケー派も多数いて、ＬＩＮＥスタンプも、クラウドファンディングもなかった。その代わり、ｉモードというＮＴＴドコモのサービスで、「待受画面を１枚ダウンロードするごとに１０５円の課金になる」というシステムがあったのです。

震災の日の金曜の夜、突然「そうだ、ｉモードの少額課金のシステムがあるじゃないか」と突然ひらめいた僕は、土日の間に「SAVE MIND, 100 CREATION」というサイトを作り、故・水木しげる先生など有名な漫画家から現代アーティストまで、100人のアーティストの方々に待受のデザインをお願いしたのです。

「復興のための少額決済を、待受をダウンロードすることで105円払う」というキャンペーンとして、「ドコモの手数料（11％）を抜いた残りの89％を全額寄付」というかたちでドコモ側にご相談をしたところ、すぐに快諾をして下さいました。

今思えば、あのキャンペーンはまさに、クラウドファンディングのさきがけだったと思います。結果、100万円ほどの寄付が集まったのですが、この時の経験が僕に、「お金がフローするイメージ」というものを教えてくれました。それまでは、ｉモードのビジネスでも、「デジタルコンテンツの制作＆提供で100円をもらう」という、従来のビジネスモデルの考え方しか頭にはなかった。でも、**インターネットという世界がもつ「双方向性」は、社会の役に立つと同時に、ビジネスになりうると確信したのです**。

ほぼ同じ頃、児童養護施設で暮らす子どもを支援する「タイガーマスク基金」というファンドレイジング（民間非営利団体が活動資金を集めること）も始めました。

ちょうど、懇意にさせていただいている『巨人の星』『あしたのジョー』などの原作者である故・梶原一騎《かじわらいっき》さんの夫人、高森篤子《たかもりあつこ》さんから、「私が死んだ後は、夫の作品はパブリックドメイン（みんなの公共物）として、勝手に使っていいことにして構わない」と告げられて、「作品は文化遺産なのだから、きちんとお金にしていかなければダメです！」というやりとりをしていたところでした。2010年、ある群馬県の児童養護施設の前に、「伊達直人《だてなおと》」（タイガーマスクの本名）という送り主を名乗り、新品のランドセルが置いてあったというニュースも印象に残っていたところでした。

これがきっかけで「タイガーマスク基金」をつくろうという流れになり、前職のソニー・デジタルエンタテインメントでは2014年、マンガの『タイガーマスク』をもとにしたLINEスタンプを作ることになりました。スタンプの収益は全額、タイガーマスク基金に寄付しています。現在も継続していますので、ご興味のある方はLINEスタンプの検索機能で『タイガーマスク』と入れてみてください。

東日本大震災の復興に向けて行った「SAVE MIND, 100 CREATION」。100人のクリエイターがｉモードのコンテンツとして音楽、小説、アート、デコメなどの100作品を提供。1ダウンロード105円を義援金とした（2011年3月）。写真は、巨匠・水木しげるが提供した「待ち受け画面」。

ツイッターのロゴデザインで知られるイギリス出身のイラストレーター・サイモン・オキシレイが提供した待ち受け画面。「titleはBirdy Boxです。私に出来るなら……ヘリコプターで被災地に行って、十分なグッツを届けたい気持ちでいっぱいです。テーマは私の気持ち“Help Japan”です」(本人コメントより。原文ママ)

絵本作家、イラストレーター、グラフィックデザイナーとして活躍する菊田まりこ氏が提供した待受け画面。「悲しい朝も、寂しい夜も、名前もしらない誰かの祈りが、あなたの心に寄り添っていることを感じてください。私たちは、手と手をつないで歩きだしました。あなたは、ひとりじゃないと、何度も何度も、思い出してください」(本人コメントより)

© 菊田まりこ

わははは
ははは
ははははっ
うお〜〜っ

「タイガーマスク　スタンプ」を購入すると、その収益全額がタイガーマスク基金に寄付されるという、「LINEクリエイターズ・マーケット」初のファンドレイジングを実施。
(2014年6月)

ホームレス支援の新しいかたち

「世の中をアイディアで良くする」という、前述のソーシャルデザインの考え方にもとづいて、NPOの支援を新しいデザインの観点でお手伝いできないか、と常々考えています。これまで、前述の「タイガーマスク基金」のほか、「Fathering＝父親であることを楽しもう」というコンセプトのもと、父親支援事業を行う「ファザーリング・ジャパン」（代表理事・安藤哲也）、開発途上国の飢餓と先進国の生活習慣病の解消に取り組む「TABLE FOR TWO」（代表理事・小暮真久《こぐれまさひさ》）などの特定非営利活動団体のマーケティングの一部も手がけました。

ホームレス支援団体「ホームドア」も、そのひとつです。理事長を務める川口加奈《かな》さんは、「ホームレス状態を生み出さない社会のしくみづくり」をテーマに、19歳でこのNPO団体を設立されました。ソニー・デジタルエンタテインメント時代に、GPS（位置情報システム）機能アプリを使った「ホームレスの就業支援プロジェクト」

という彼女とのコラボ企画を立ち上げましたが、現在も引き続き、このプロジェクトは進行中です。

川口さんがはじめてホームレスの問題と出会ったのは、14歳の時でした。電車通学をしていたので、どうしても釜ヶ崎にある新今宮駅（大阪・西成区《にしなり》にある、通称「あいりん地区」という路上生活者が多く居住する地域）で乗り換える必要があり、親からは「ホームレスがいっぱいいいて危ないから、乗り換えはしても、絶対に降りてはダメよ」と常日頃言われていたのだとか。そこで彼女は、こう思ったのだそうです。

「お母さんは、ホームレスを怖い人たちと言うけれど、なぜ怖いというんだろう？」

そこで彼女はある日、ついに新今宮駅を降り、生まれて初めて炊き出しに参加するのですが、実際にホームレスの「おっちゃんたち」（彼女は、親しみを込めて、そう呼んでいます）におにぎりを渡した時、「ありがとうなぁ」と受け取るその様子が丁寧で謙虚だった。そこで、「このおっちゃんたち、本当に自業自得でこうなったのだろうか？」と疑問に思ったそうです。

そして、「お母さんが言っている人たちとは違う」と感じた彼女は図書館に行き、ホームレスの現状を調べ尽くしたところ、「おっちゃんたちが路上生活をするに至ったのは、決して本人のせいだけではなくて、社会構造自体に原因があるのではないか」という結論にたどり着きます。

「普通のサラリーマンの方でも、ある日会社が倒産し、自分は〝なんとかなるだろう〟と、家を売ったお金を妻子に渡して離婚。就職活動をするも、年齢的になかなか難しく、お金も尽きて、ネットカフェにも泊まることができなくなり、ある日〝じゃあ路上で寝てみようか〟となるんです」。

「助けて」と声を出せない人が、ホームレスになることが圧倒的に多く、それは「誰もがなりうる」ということを知った彼女は、「知ってしまった以上、知ったなりの責任があると感じた」と言うのです（この言葉に、僕はさらに痺れました）。

そうして講演活動やホームレス問題に関する新聞発行、100人規模のワークショップなど活動を広げ、19歳でNPO団体『ホームドア』を設立。同NPOでは、シェアサイクルHUBchari《ハブチャリ》事業（自転車修理を活かしたシェアサイクルシステム。大阪市内の8拠点であれば、どこで借りても、どこで返してもいいレンタサイクルの進化版）等でホームレスの

大阪市・北区にある、特定非営利活動法人
Homedoor（ホームドア）本拠地にて、理事
長を務める川口加奈さんと。

人や生活保護受給者、累計170名以上に就労支援を提供し、2015年にはグーグルの「インパクトチャレンジ大賞」も受賞しています。

彼女のストーリーで僕がとりわけ素晴らしいと感じたのは、「いいことをしている自分を目指す」という、いわゆる自尊心からのスタートではなく、自分の興味関心がそのまま「社会を良くする」という、まさにソーシャルデザインのビジネスにつながっているという点です。14歳の時に、新今宮駅で降りて炊き出しに参加することがなければ、何百人ものホームレスの就業支援を実現することもなかった。「やってはいけない」と言われると、どうしてもやってみたくなる「好奇心」とか、「当たり前を疑ってみる」というものの見方に、僕は自分と彼女の共通点も感じました。

川口さんがグーグルのインパクトチャレンジ大賞をとった企画は、「GPS機能アプリを活用し、犯罪に関する統計や市民からの要請、目撃情報をマップ化し、専用自転車で防犯パトロールを行う」というもの。このパトロールが、今後「おっちゃんたち」の新しい就業支援のかたちになっていく予定です。

ウーバー（Uber）は、空いている車を配車するアプリで、アメリカの企業のウーバー・テクノロジーズが開発しました。タクシーの配車だけでなく、一般の人が空き時間に自家用車を使って人を運ぶという、スマホのアプリによって、「人と人」「人と街」とをつなげることを可能にしたビジネスモデルを確立し、注目を集めました。日本でも定着しつつある「民泊」を含め、インターネットを介して空いている資産を活用する「シェアエコノミー」の考え方は、このソーシャルメディア時代と非常に相性がいいと感じています。ネット文化が発展したからこそ、「人と人」というソーシャルな結びつきが一層豊かになる。そんな未来が訪れるのではないでしょうか。

ⓥ「社会の役に立つこと」がビジネスになる時代

ＩＴという今どきの職種では、たとえヒットを出しても、その命は短い。生き馬の目を抜くような業界にいながら、「中長期的な視点で社会の役に立つことは何か」を考えると「お金だけで解決できることは結局少なく、素晴らしいアイディアや発想で解決できる物事の方が多いのではないか？」とか、「でも、お金以外で解決できる発想を誰も持っていないというのは、一体どういうことなんだろう？」とか、ずっと自問自答を繰り返してきました。

仕事柄、もちろん僕だって、お金儲けは好きです。しかし、お金があるから幸せになれるわけではなくて、「社会や人にいいことをしないままでは、本当の意味での豊かさは得られないんだな」ということに、わりと早い段階で気づくことができたのです。

2007年のケータイ小説ブームの頃、ソニー・デジタルエンタテインメント時代に『プラ子旅する。』というブログをケータイ書籍として配信したことがありました。当時、ユルい恋愛ものばかりの読み物の中で、アフリカでの出来事を赤裸々に綴ったブログは本物で、とてもリアルだった。プラ子ちゃんこと栗山さやかさんというのは、元渋谷109のガングロギャル店員だったのですが、アフリカのモザンビークでボランティアをし、「アシャンテママ」という名前のNPOをたった一人で立ち上げて活動を始めたという強者です。モザンビークの現実が読者に伝わればという思いで配信したところ、累計1千万ダウンロードを突破しました。それ以来、プラ子ちゃんの活動の支援をずっと続けています（彼女の活動をネットで知った安倍晋三首相が、モザンビークの大統領を訪問した際に、プラ子ちゃんの話に触れたというエピソードもあるほどです）。

このプラ子ちゃん、モザンビークの現地では、泥棒に荷物を盗られたり、内戦が起きて怖い目にあったりしているにもかかわらず、決してその活動を辞めようとはしないわけです。NPO活動で集めた資金で、エイズの予防法や農作物の作り方を、現地の人にイキイキと教えている。「食うや食わずの生活をしているはずの彼女なのに、いつも喜々として、幸せそうな表情をしているのはなぜだろう？」と、バブルの時代に社会人になった僕には、とくに不思議に映りました。

でも、前述のようないくつかのファンドレイジングの事例を通じて、エンタメ業界とはまったく別の視点を持てたこと。それは結果的に、僕にとっては大きなビジネスヒントになりました。「SNSはブランディングであり、目先の数字を追うものではない」という考え方も然り。「社会を良くする」というプロジェクトを通じてやさしい気持ちを伝播《でんぱ》させることで、暗かった人々も明るくなっていく。そんなプロセスを目の当たりにしながら、「みんなが幸せになる権利はあるけれども、それを実現させるためには、お金をフローさせ、みんなが幸せになるアイディアが必要なんだ」と実感したのです。

さらに言うと、今のSNSの潮流の根底には、「みんなといいことを分け合いたい」という、時代の気分があると感じています。自分だけが儲かって、ほかの人は全員貧しかったとしたら、その人は一体どこで幸せを享受するのだろう？　そんなことを、多くの人が気づき始めているのではないでしょうか。

プラ子こと、栗山さやかさん。アフリカのモザインビーク共和国でNPO「アシャンテママ」を立ち上げて運営。貧しい女性たちへの医療・衛生情報の提供や、子どもたちの学習支援などを手がける。2014年1月、エチオピアで行われたアフリカ政策スピーチでは、安倍晋三首相が「日本政府は、栗山さんがたった一人で続ける仕事に、負けてはいられません」と口にしたことでも話題に。

⬇「ソーシャルデザイン」ビジネスにたどり着くまで

2000年頃のガラケー全盛期の時代には、数多くのモバイルコンテンツ企業が起業しました。

しかし、スマートフォン時代への移行とともに激減し、現在も残っているのは数社しかないと言われています。そんな厳しい状況下において、ソニー・デジタルエンタテインメントは創業以来10年間、ずっとヒットコンテンツに恵まれてきました。その理由は、次の3点に集約されているのではないかと思っています。

①僕自身がエンタメ業界に30年かかわり、メディアの大きな転換期をこの目で見て体験してきたこと

②2011年3月11日の東日本大震災を機に、ガラケーを主としたビジネス（＝20世

紀型ビジネス）から、スマホを主としたソーシャル・デザインビジネス（＝21世紀型ビジネス）へと舵を切ったこと

③「儲け」を考えるよりも、徹頭徹尾「ユーザーが共鳴共感するコンテンツ」づくりを優先してきたこと

ここからは、まずこの3つの前提についてお話ししたいと思います。そう小難しい内容ではないので、しばしの間、リラックスしながらおつきあいください。

まずは僕がエンタメ業界に関わるようになった、ことの顛末《てんまつ》から。

僕は子どもの頃から映画が大好きで、14歳のときに『スター・ウォーズ』を観て、「将来は映画監督になろう！」と決めていました。昔からおしゃべりが好きで（関西人なので）、小学校でもよく友達を笑わせていたのですが、映画はたった1回の上映で、何万人何百万人を興奮させることができる。「これはすごい！」と思いました。

映画監督になる夢を抱き、日大芸術学部を受験するも、第一志望の映画学科はあっさり不合格に。合格したのは同大学の文芸学科で、ジャーナリズムを専攻しました。入学後は映画や演劇集団のサークルに入り、演劇に飛びつきます。でも、学生演劇というのは親戚や友達しか来ないので、常に赤字。そこで、「クオリティの高いものを作って、チケットの単価を上げよう」と考えて、演劇プロデューサーとしてチャレンジしたところ、毎回黒字になっていきました。

この頃から次第に、「自分はクリエイターではなく、マーケッター、ビジネスマンが向いているのかもしれない」と思うようになります。

大学卒業後、バブル真っただ中の1988年ですが、株式会社東北新社という大手制作会社に入社しました。配属先は、花形部署と言われるCM制作部。新入社員ですから、「パシリ」として何でもやりました。担当したのは、コカ・コーラのCMプロダクションマネジャーです（"I feel Coke"のコピーでお馴染みのシリーズ。同世代の方は、懐かしいのではないでしょうか）。

当時は映画同様、35ミリフィルムを使用して撮影をしていたので、CMを1本作るのに、2000万円ぐらいの予算がかかるのは普通でした。「夕日が沈む40分前くらいの黄色いライトが理想的」ということで、今ならCGで簡単に色を変えられるところ、当時はフィルムですから、夕暮れの一時に狙いを定めて撮影をしていました。広告の世界も、糸井重里さんや川崎徹さんなどの大御所のコピーライターの方が手がけると「キャッチコピー一本1000万円」というような時代。雑誌もまだまだ元気で、そんな「マスメディア全盛期」に、僕は社会人生活のスタートを切ったわけです。

数年後、東北新社は衛星放送事業に乗り出し、映画専門の「スター・チャンネル」が始まりました。それを機に、僕も衛星放送の営業部長に就任。カンヌ、ハリウッドなど、映画の買い付けで世界中を回るという洋々たるキャリアだったのですが、それもつかの間、会社とケンカし、辞表も出さずに飛び出してしまうことに。

じつはそこから2年もの間無職だったのですが、人生ってわからないものですね。33歳のとき、「私を必要としている」ということで、ハリウッドのメジャースタジオである「ソニー・ピクチャーズエンタテインメント」に拾われました。

それは、ソフトバンクの孫正義さんとニューズ・コーポレーションのルパート・マードックが「JスカイB」という企画会社を立ち上げ、「多チャンネル衛星放送を始める」と宣言した頃。ソニー・ピクチャーズも、7チャンネル衛星放送を始めようとしていました。つまり、東北新社でさまざまな衛星放送の立ち上げに関わった僕の経歴をかってくれたわけです。これには本当にホッとしました。何せ毎月、給料が振り込まれるわけですから（笑）。

2000年頃、このときに関わったのが、「アニマックス」（アニメ専門チャンネル）や「AXN」（海外ドラマチャンネル）、「スカイムービーズ」（現・スター・チャンネル）などです。衛星放送の仕事は順調に進み、3年ほどで軌道に乗るようになりました。

僕は新規事業の責任者だったので、「じゃあ、次は何やろうか」と考えたところ、「ネットだろう」と思いつくわけです。そこで、「テレビの世界は飽きたから、デジタルをやりたい」と訴えたところ、ハリウッドの本社から、「おまえは日本のアニメばかり売っているから、もういらない」と言われました。「じゃあ、辞めますわ」ということで（笑）、ソニー・デジタルエンタテインメントを立ち上げるに至りました。

駆け足で自分史を語ってしまいましたが、お伝えしたかったのは、僕の社会人人生は、「20世紀から21世紀へのメディアの大変換期にそのままリンクしていた」ということです。「映画監督になりたい」という子ども時代の夢から始まり、CM、衛星放送、ガラケー、スマホ、そしてソーシャルメディアと波乱万丈のエンタテインメント業界に放り込まれた体験によって、メディア環境の激変を目の当たりにできたこと。それは、今の僕のビジネスを支える基盤になっていると思っています。

情報流通を変えた「4つのメディア変換点」

じつは、このメディアの大変換を理解することが、SNSの活用に直結しています。僕の場合は仕事柄、「メディアの変化＝ビジネスの方向性の転換」を意味していたので、大きな波に直面するたび、深掘りせざるを得なかったわけですが、多くの人の場合は、「いつの間にかインターネット時代になって、なんか便利になったよね」という程度の認識ではないでしょうか。

とくに僕と同世代、またさらに上の世代の中には、ネットメディアへの苦手意識が強かったり、進化についてこれなかったりしている方が多いように見受けられます。一方の若い世代はというと、デジタルネイティブであるがゆえに、「コピー・アンド・ペースト＆スクリーンショット」略して「コピペ・スクショ」人間化しがちという弱点も感じています（そのため、リアルな体験に基づいたコンテンツ、企画力が弱くなっていると感じているのですが、それについては、第3章で詳しく触れることにします）。

20世紀から21世紀にかけて、メディアには大きな4つの転換期がありました。

最初のキッカケは、今から約30年前1988年に起こった①「**ニューメディアブーム**」です。当時の郵政省（今の総務省）が立ち上げた「スペース・ケーブルネット構想」により、データの双方向が可能になり、多チャンネル時代が訪れました。現在の「スカイパーフェクTV」の前身ですが、この流れが、後のインターネット時代へとつながっていきます。

ニューメディアブームの次は、CDやDVDなどのデータディスクに、大量の情報を収めることが可能となった②「**マルチメディアブーム**」。その後の③「**ブロードバンドブーム**」によりネット回線がISDNからADSLになり、光ファイバーとなって、今や家に居ながらにして、あらゆる情報がスピーディーに入手できるようになりました。

そうしてパソコン環境が整った次にやってきたのが、④「**モバイルブーム**」です。みなさんもご存じのとおり、ガラケーに始まって、今はスマホやタブレットがメディアの主軸となりました。この4つの転換期を通じて、人とメディアの関係は、大きく変わってしまったのです。

ⓥ 東日本大震災がもたらした「スマホ革命」

流れの早いIT業界で僕の会社が生き残ってきた理由のひとつとして、「東日本大震災を機に、ガラケーを主としたビジネスから、スマホを主としたソーシャルデザインのビジネスへと舵を切った」ということを挙げました。この時の背景についても、触れておきたいと思います。

前職のソニー・ピクチャーズエンタテインメントで衛星放送事業が軌道に乗り、次に目をつけたのが、NTTドコモが運営するモバイルインターネット「iモード」サービスでした。

iモードのコンテンツを使い、「日本のアニメやキャラクターを前面に出していこう」という話を受けて、まず手がけたのが企業とのタイアップです。明治製菓の有名なお菓子「きのこの山」とのタイアップで、「きの山さん」というキャラクターを作ったところ、これがヒットにつながりました。

このヒットをきっかけに強く感じたのは、「iモードのようなモバイルコンテンツは、子ども向けにとどまらず、今後は大人が楽しむメディアになっていくだろう」ということでした。そこで、ハリウッドの映画会社にいるにもかかわらず、何度も役員と掛け合い、面白がって、ｉモードコンテンツのプロバイダーを始めたのです。その経験が、ソニー・デジタルエンタテインメントという会社の創業につながりました。

ｉモードのビジネスでは、待ち受けや着メロなど、１２６サイトを手がけました。ピーク時のｉモードの有料コンテンツは、なんと年間８０００億円ぐらいのマーケットだったのです。８０００億円がどのぐらいの数字なのかを映画業界にたとえると、次のようになります。

日本の興行収入の総額はこの10年間で、毎年約２０００億円。ジブリのアニメが公開される年では、約２３００億円。ですからｉモードは、その4倍ものマーケットでした。映画のチケット代は１５００円前後ですが、ｉモードは1コンテンツが１００〜２００円程度。それで、８０００億円の市場を作っていたのです。

そんなお化けプラットフォームだったｉモードも、２０１１年の東日本大震災を機に、「ガラケーは通じなかった」と騒がれたあたりから、急速に縮小してしまいます。

震災前の２０１０年、発売当時は「あんなバカでかい画面、売れるわけがない」と散々な言われようだったアップル社のiPhone。にもかかわらず、震災以降の2012年頃から、iPhoneやAndroidは爆発的に普及していきます。

結果として、iモードコンテンツのビジネスを中心としていた僕の会社も、大きな打撃を受けました。それまでのコンテンツマーケットは、電話代と一緒に、占い代や着メロ代などが引き落とされる月額課金でした。そのため前述のように126種ものiモードサイトを展開していたおかげで、毎月コンスタントに安定した収益を上げることができていたのです。

「魅力的なコンテンツさえ作れば、営業をしなくても食べていける時代がきた」と思っていたのですが、ここで再び、メディアの激しい変化に直面します。スマホのアプリサービス（App StoreやGoogle Play）は「1個ダウンロードしたら100円」という個別課金なので、それまでiモードで儲けていたコンテンツ会社は、軒並み倒産に追い込まれてしまったのです。

年間8000億円だったマーケットが2000億円程度まで落ち込んでしまった状況を振り返ると、アップルはまさに黒船でした。日本に上陸したiPhoneには、それだけの破壊力があったわけです。

第２章のまとめ

⇩「企業ファースト」から
「ユーザーファースト」へ、視点を切り替える

⇩儲けたいなら、儲けを考えない

⇩**SNS**を有効活用するコツは、
ポジティブ＆ハッピー

⇩「世の中をアイディアで良くする」という、
ソーシャルデザインの発想を武器にする

⇩その商品やサービスは、
本当に世の中に必要なのか、つねに考える

第三章

SNS
ヒットのネタは、
こう探す

ソニー・デジタルエンタテインメントが最初に手がけたLINEスタンプ。「天才バカボンのパパ」は、赤塚不二夫のギャグマンガ『天才バカボン』でおなじみの人気キャラ。

↓「好き」と「やりたい」がバラバラ

前章では、「メディアの変遷」を軸として、SNSの台頭とその流れ、ビジネスモデルのあり方について、僕なりの視点から解説をさせていただきました。ここからはさらに、「SNSを有用な武器にするヒント」について、掘り下げていきたいと思います。

ある大学で就活に関する講演会をお請けした際、質疑応答の時間に、「どうすれば、アソビシステムに入れますか」と聞かれたことがありました。

アソビシステムとは、きゃりーぱみゅぱみゅをはじめ、Perfume《パフューム》の楽曲提供で知られるDJ、作曲家の中田ヤスタカ氏、増田セバスチャンなどのアーティスト他、原宿系のファッションモデルを多く擁する芸能事務所です。創業者の中川悠介さんは、高校時代から渋谷界隈でクラビングの企画をするくらい音楽好きな方。僕は仕事を通じて懇意にさせていただいているのですが、彼と一緒に原宿を歩いていると、通りすがりの小学生が「中川さん、今度ライブ行くね」なんて声をかけてくる光景に遭遇したりします（中川氏は、「TEMPURA KIDZ」という、人気子どもバンドのプロデュースを手がけています）。

話を戻すと、先の質問をした男子学生に、「じゃあ君は、クラビングが好きなの？ WOMB（アソビシステムが企画するイベントの多いクラブ）にもよく行ってるんだね」と聞くと、「いいえ、行ったことありません」と言う。「じゃあ、きゃりーぱみゅぱみゅの大ファンとか？」と、さらに聞くと、「いえべつに……」。たまにダウンロードくらいはしますけど」と言う。

そのエネルギー量のなさ！　その段階で、僕にはもう何もアドバイスをすることはない……と思ってしまったのですが、「君の思いは、ちょっと途中で途切れてしまっている気がする」とだけ伝えました。

彼が言っているのは、「コネがあれば、テレビ局や広告代理店に入りたい」というのと同じです。好きなことが見つからないのはいいけれど、何かに少しでも興味関心をもったのであれば、その場に行って、その目で確かめに行くくらいの好奇心が欲しい。素振りをしていないと、打席に立つことすらできないし、立つ気構えもない。それでヒットを出したいっていうのは、やっぱり無理な話です。

ヒットを出すために、僕は常にバッターボックスに立つことと言うと、「今はそんな暑苦しい時代じゃないよ」と思う人もいるかもしれません。でも「どうすれば好きなことが見つかりますか」という質問も根本的は同じ。そもそも家で三角座りをしていたって、誰とも接点は生まれません。べつに興味がなくても、イベントに誘われたらまず行ってみるとか、好奇心を持って、とにかく何でも挑戦してみることが大事だと思っています。僕の場合、ポケモンGOでもスナップチャットでも、話題のアプリが出たら即日試すなど、常にアンテナを張っています。つまり、それが打席に立つための「素振り」です。

「新しいことはすべて自己表現の手段にできる」というのが、今のソーシャルメディア時代です。

そして、ネットの最大の特長は、なんといっても「双方向性であること」。たとえ数人のフォロワー相手だったとしても、自分が「好き」だったり「いい」と思ったりしたことを、SNSで発信してみた時、それが的を射ていてユニークであれば、拡散の輪は広がり始めるのです。

ⓥ「土日の自分」で「月～金」を過ごそう

世の中の人々が、どんなものにエンゲージメント（ブランドとユーザーの親密さ・共感）されて日々の生活を送っているのか。より優れたマーケッターを目指すには、それを熟知しなければ、相手のいないところにボールを投げたり、投げるべきタイミングを逸したり、みすみすビジネスチャンスを見逃すことになるでしょう。

億単位のお金を動かしている人でも、休日はコンビニにだって行くし、公園で散歩しながら、子どもの相手もしている。そういうことすべてが、世の中の問題解決に近しい事例と考えるべきです。

ソニー・デジタルエンタテインメント時代、僕は**いつも社員に対して「〝土日の自分〟で、〝月～金〟も行こう」と話していました**。どんな人も土日は普通の消費者なのに、月曜になると、急に経済新聞を読みながら会議に出て、「会社都合のマーケティング思考」にスイッチが入ってしまう。大抵はそこから間違った5日間が始まってしまい、無意識のうちに、ユーザー感覚とかけ離れていく。

たとえばＮＨＫのコメディ番組『サラリーマンＮＥＯ』の中では、まったく要約できていない「要するに」マンとか、ちっとも逆説を言わない「逆に言うと」マンといった登場人物が、延々と無意味な会議を繰り広げているシーンがありました。現実社会もじつは似たような光景が多いのではないでしょうか。

「福田さん。僕たちのような仕事では、公私混同は大いにしていいいんだよ」

これは、ソニー・デジタルエンタテインメントの顧問であった故・内田勝さんが、生前僕によく、冗談っぽくおっしゃっていた言葉です。内田さんは、『週刊少年マガジン』（講談社）で『巨人の星』や『天才バカボン』を大ヒットさせた名編集長でした。

自分が何を好きなのか、どういうことをしているとハッピーなのか。みんな、サラリーマン仮面やＯＬ仮面になる必要なんてなくて、好きなことを見つけたら、じゃんじゃん追求していい。途中で苦しくなったら、挫折しても、飽きたら捨ててもいいと僕は思っています。「石の上にも三年」とは言うものの、三年も我慢しなくたって、僕の周りには成功した人はいっぱいいます。

「直感力」のスイッチを入れる

SNSを有効活用するためのブランディング力をつけるには、自分の「好き」や興味関心を深掘りしていくこと。そして、自分の好きなこと、興味関心を見つけだすためには、直感力がものを言います。「好き」のアンテナをもつことは、自分の直感力にスイッチを入れることです。

しかしその一方で、自分の直感に自信をもてない人も増えているように思います。

その背景にあるのは、デジタルメディアでは「YESなのか、NOなのか」を求められる場面が多い、ということ。ネットの浸透によって、**自分の立場をより明確にしなければいけないという、「強迫観念」を植え付けられてしまっている**。そのせいで、多くの人が「デジタル脳になってしまった」と考えられています。

たとえば、「あなたはトランプをいいと思うか、否か」に始まり、あの人のフェイスブックの投稿に、〝いいね!〟をするのかしないのか。「自分的にはYESなんだけど、ここは空気を読んでスルーしておこう」「つきあいがあるから、この人の投稿には、〝いいね〟をつけておこう」など。それは、ネットそのものが悪者なのではなくて、たんに「本当はどう思っているのか」を深掘りする機会が奪われているだけではないかと僕は思っています。

人間は本来、アナログな存在で、整合性がないのが「リアル」です。僕たちは、このソーシャルメディアの潮流の中で、「曖昧を許さない流れに身を置いている」ということに気がつかなければいけないと思います。だから、必要以上に、「自分のアンテナは鈍っている」と自信を失うこともなく、もともと備わっている自身の直感を信じていい。そこでピンとくるものを追ってみると、「好き」のしっぽは、必ず見えてくるはずです。

直感にスイッチを入れて、「自分の〝好き〟をつくる」という法則は、「SNSでうまくブランディングできるようになりたい」という悩みにとどまらず、生き方や働き方においても「いいね」を多くもらえるなど、さまざまな悩みを解決してくれるコンセプトではないでしょうか。

好きな人と、好きな時間を過ごして、「自分はこう思う」と感じることを、素直に正直に、発信してみる。**自分の「好き」に常に敏感でいることが、最良のマーケティングになります**。何が「快」で何が「不快か」。いつも土日の自分の感覚でリラックスした状態を作っていると、直感のスイッチが入りやすくなります。

すると、ユーザーがどんな情報に「いいね」をつけるのか、反対に、「いいね」はつかないのか。ソーシャルメディアの人間模様が、これまでよりも、よく見えるようになっていきます。

ネット文化最大の弊害は、「一次情報の不在」

ヒットすれば拡散効果が大きい一方で、使い方を間違えれば、炎上につながるリスクも大きいSNS。キュレーション・サイト「WELQ」(医療関係の情報をまとめたサイト)の炎上騒動などは、まだ記憶に新しいところでしょう。

医学的に正確ではない内容の記事はもちろん、他社サイト記事の流用と思われるものが多数掲載されていることが発覚したのが、事の発端でした。「1文字1円ライター」のアウトソーシングなど、コンテンツに対して一切対価を払っていない企業体制に強く反発した世間は、SNSで「炎上」を起こした。結果、サイトを運営したDeNA社は、無断転用等の事実を認めてすべてのサービスを停止。謝罪会見を行うまでに至りました(2016年の同社の損失額は、36億円と言われています)。

倫理的な問題についてはまったく同感ですが、この騒ぎには、今の世の中で起きている「共通の問題」が孕《はら》んでいると感じました。その問題は何かと言うと、「一次情報の不在」です。

この「一次情報の不在」は、ＳＮＳの活用に欠かせないアイディアとか、企画力の枯渇と密接につながっています。一次情報とは、「自分はこう思う」「こんな風に感じた」という、自分発のオリジナルな考えです。アーティストやクリエイターなど、限られた人だけが「一次情報の生産者」であるとは限りません。一次情報とは要するに、「検索には引っかからない、街の情報」のことです。

ある出来事が起こった時、実際に現場に行ったり、関連記事をリサーチしたり、関係者に会いに行き、話を聞いたうえで、「こう思う」「こう分析した」というオリジナルの意見を発信する人は、「**一次情報生産者**」です（池上彰氏やホリエモンこと堀江貴文氏といった人たちは、それに当たります）。

しかし、フェイスブックやツイッターでしか世間のニュースを読まない人にとっては、いくら池上さんやホリエモンのＳＮＳを熱心に読んだとしても、それはあくまでも「二次情報」に触れているに過ぎません。それらの情報は、一度「人（一次生産者）の思考を経由したニュース」であり、二次情報（セカンダリー）なのです。

ネットの情報というのは、すべて「アーカイブ」です。カン違いしてはいけないのは、「一次情報に触れることができるマーケット」ではないということ。

もはや、スマホなしでは生きられない時代に暮らしている僕たちは、この大前提を忘れがちです。ネットは「ツール」として活用する限りは、非常に便利で有用な存在です。しかし、「すべての答えがここにある」と、ネットを目的化してしまうと、世界はたちまち「コピペ・スクショ」まみれになってしまいます。

その結果、オリジナリティはますます失われ、先のキュレーションメディアのような「情報の万引き」が横行するようになるでしょう。事実、学生の論文も、企業のプレゼン用パワポも、オリンピックのエンブレムマークすらも、世の中すべて「コピペ・スクショ」後になってしまっている。

ネットの弊害とは、まさに、この「世の中総コピペ・スクショ」文化です。

「SNSを有用な武器にしていきたい」あるいは「本当にいいコンテンツを生み出したい」「ヒットを出してバズらせたい」と考えるならば、「コピペ・スクショ」の世界からリアルな街に飛び出して、常に一次情報に触れようとすることが肝心なのです。

誰よりも早く、一次情報に触れる「街歩き」

「コンテンツそのものが魅力的でなければ、いくらSNSを使っても拡散しない」と前述しました。かといって、「そんな企画力やブランディング力は自分にはない」と諦めることは全くなく、突破口はじつにシンプルです。

まず、**多くの人がネタにしたり、キュレーション（まとめ）されたり、バズったりしている情報は、すでに「賞味期限切れ」と認識すること**。次に、食べ物と同様、鮮度の高い一次情報に触れるためには、家や会社でネットばかり眺めていないで、**外に出て「街をウロつくこと」**。

SNSをうまく活用するには、クリエイティブ能力以前に、「街で」「自分で」拾い上げた情報を整理し、アウトプットする力を身につけるのが先決だろうと僕は考えています。

世界人口約70億から見ると、ネット人口はたかだか35億です。残りの35億の人が全員、ネットの通じないジャングルに住んでいるわけではありません。そう考えると、「答えはネットにすべてある」というのは幻想に過ぎず、まだ触れたことのないものや、「ググっても」出てこないもの、そして「本当にいいもの」はたくさんある。その「本当にいいもの」をどう見つけ、いかに伝えていくか、ということに、SNSを上手く活用するヒントは隠れています。

SNSだから、デジタルだからと言って、「一次情報のコピペ・スクショでいい」というのは、大きな間違い。リアルが透けて見えるメディアだからこそ、「中の人（＝発信者）」の素性が求められるし、時代の気分とか、街の気配といったものを味付けしていく必要があります。

余談ですが、最近は「ハンカチ落とし」をしても、「後ろを通る人の気配」をまったく感じられず、遊びが成立しない子どもが増えているという話を聞いて驚いたことがありました。「今、誰かが通った気がする」とか、「今、風が吹いたかもしれない」など、気配を感じる力、そして五感に従う力は、じつはマーケティングやブランディング能力に通じていて、今後ますます21世紀を生き延びる要素となっていくことでしょう。これからの時代は、ネットメディアによって去勢された脳を解き放ち、人間が本来もっている直感をいかに取り戻していくか。そんなことが大きな課題となっていくのでは、と感じています。

だから僕は、そんな街の気配を日々感じるために、ほぼ毎日のように外に出ています。日本にいても、海外にいても、人に会い、食事から夜遊びから文化から、全方位で「なんでなんで?」「どうしてどうして?」という好奇心全開で生きている(笑)。

そんな日々の「街歩き」のことを、僕は「素振り」と呼ぶことにしています。学生の方向けの講演会に呼んでいただく機会が多いのですが、そういう場で必ず出る質問がふたつ。

「どうすれば、オリジナリティのあるアイディアが出せますか」

「どうやってヒットを出すのですか」

その質問に対する回答はたったひとつしかなく、それが「いつでも打席に立てるよ

ICTに携わる企業のリーダー、技術者が集う
Interop（インターロップ）基調講演にて。
テーマは「VRが変える世界のいま」(2017年
6月／幕張メッセ)。

ていますように、素振りをしておくこと」。実際に講演会の場では、こんな風に答えるようにしています。

「僕は四六時中外に出て、誰かと会っています。好きな人に会っている。会いたい人に会っている。三角座りをして、いつも家呑みなんてしているのは、打席に立とうとすらしていない、ということ。素振りをしてないのだから、当然、バッターにはなれない。それはつまり、バットを振らなければ、ヒットを出す以前に、アイディアすら出てこない、という意味です。だから僕は、毎日素振りをして、常にバッターボックスに立っています。ボールは当たるか当たらないかわからない。けれどとにかく、ブルンブルンとバットを振り続けているわけです。そういえば、僕が尊敬している歴史的マーケッターの小谷正一さんの著書に『当らん・当り・当る・当る・当れ・当れ〜喝采の実証』(産業能率短期大学出版部　※現在は絶版)という本がありましたが、言い得て妙。素晴らしいタイトルだと思います」

そんな僕の回答に対して、きょとんとする人が多いのは、「打席に立とうとすらしていない」ということに無自覚だからかもしれません。でも、イチローほどじゃないにしても、バットを振り続けている限りはボールが当たることだって時々はある。打席に立っている分、街を歩いている分、打つべき角度だとか、土地勘だとか、マーケッターとして重要な、「気配を察する能力」が磨かれていくからです。

実際、街歩きが習慣になると、「時代の気分」を次第に感じることができるようになっていきます。僕が街歩きをする時のポイントは至ってシンプルで、大体次のようなものです。

・書店でいちばん目立つ位置に置かれている本は何かを見る
・コミック作品は、5巻以上継続している作品に注目する（いずれ、アニメ化、映画化される可能性が高い）
・家電、雑貨、ファッションなどの店では、いちばん多く棚数を占めている商品は何かを見る
・美術館やアートの展覧会では、まず「これが好き」とピンとくるものを必ずひとつは見つける

・飲食店では、お客同士、どんな会話が繰り広げられているのか、聞き耳を立てる
・「当たり前」を疑ってみる。当たり前のようにあるもの（看板、オブジェなど）に対しては、「なぜこれはあるんだろう」と、自分なりに検証する（検証したら、SNSなどで発信してみる）
・海外に旅をした時は、訪れたその土地で必ず、「イケてる人5人」を紹介してもらい、会いに行く

「時代の気分なんて、どう感じたらいいのかわからない」という人もいるかもしれませんが、そういう単純なコツをつかむと、生きる元気もクリエイティビティも、そしてイノベーションだって生まれるはずだと僕は思っています。

ビジネスチャンスは、いつも「街」にある

僕自身が「街歩き」を通じて、ビジネスのきっかけをつかんだ時のことをお話ししましょう。

iモードのコンテンツに着目した時のことは、今でもよく覚えています。

2002年頃、夜10時くらいになると、東京の住宅地では若者が駐車場にしゃがみこんで、ラーメンをすすりながら、ガラケーをいじっている光景がよく見られました。そこで彼らは何をしているのかというと、今よりも画質の悪い映像のiモードゲームに興じていたのです。折しも、大手家電メーカーがこぞって大型液晶テレビを発売し、ブームになっていた頃。家に帰れば、親が作った温かい食事もあるだろうし、大画面でテレビも見れて、ゲームだってできるのに、「あんな小さな画面に夢中になって、一体どういうことなんだ?」と、僕は疑問に感じました。

この時、僕が感じた時代の空気、街の気配は、「自宅で見る大画面コンテンツ」ではなくて、「携帯を外に持ち出して、自分だけのデバイスで楽しめるコンテンツ」だった。僕の勘は、「メディアの波は、後者に来るぞ」と告げていました。

２０００年の段階で、ＮＴＴドコモのｉモードが運営する有料コンテンツマーケットは、すでに２０００億円の売上があったことは、前述の通りです。その後、ｉモードコンテンツの参入によって、ソニー・デジタルエンタテインメントは順調に伸びていきました。


もうひとつは、第二章でも触れましたが、東日本大震災の時です。

あの震災の日、携帯電話がまったく通じなくなってしまった一方で、フェイスブックやツイッターなどのＳＮＳは機能していました。ＳＮＳで「家族と連絡がついた」という「街の声」があふれた時、「これからはパソコンと同じレベルで、インターネットを持ち出せるスマホの台頭が始まる」と感じたのです。

（実際、ガラケーとスマホのシェアは震災を境に逆転し、２０１６年以降、全世帯のスマホの保有率は70％を超え、10代20代に限ればなんと97％。反して一時は映画産業並みの売上を上げていたｉ

モード搭載のＮＴＴドコモの携帯電話は、２０１６年末をもって出荷終了となりました）

ｉモード時代、絵文字からデコメへの進化を見ていた僕は、「これは単なるデコレーションや飾りではなく、新しい言語のスタイルであり、表現そのものだ」と感じていました。

「これからは、こんな新しいコミュニケーションスタイルが流行るだろう」と思っていたところに、ＬＩＮＥという素晴らしいコミュニケーションアプリが登場したのです。そこで当時のＮＨＮ Ｊａｐａｎ社に、僕の会社がもっていたキャラクター版権で、ＬＩＮＥスタンプのコンテンツ提供を開始しました。今では日々大量のスタンプが発売されるＬＩＮＥですが、忘れもしない２０１２年4月26日、ソニー・デジタルエンタテインメントが制作した赤塚不二夫氏のギャグマンガ『天才バカボン』の「天才バカボンのパパ」とワーナー・ブラザーズ社の『トゥイーティー』、ＮＨＫのマスコットキャラクター『どーもくん』が既存のＬＩＮＥキャラクターのスタンプに続いて、ＬＩＮＥスタンプとして発売されました。

2012年4月26日に発売されたLINEスタンプ。赤塚不二夫のギャグマンガ『天才バカボン』の「バカボンのパパ」、ワーナー・ブラザーズ社のアニメ『ルーニー・テューンズ』に登場するキャラクター「Tweety」、NHKのイメージキャラクター「どーもくん」。（制作／ソニー・デジタルエンタテインメント）

↓ メディアの進化が「引きこもり」を作った

元来「出好き」だった僕は、昔からちっとも家にいない子どもでした。小学生の時は、キッコちゃんという近所の女の子の友だちの家で、毎日朝ごはんを食べていたくらい（笑）。キッコちゃんの家はいつもご両親が夫婦ゲンカをしていて、新鮮な思いだったことを覚えています（僕は両親の夫婦ゲンカを見たことがなかったのです）。思えばあれが、初めて「外の社会」に触れた経験でした。

次の印象的な「街歩き」の歴史は14歳。中2の時です。数学の先生が、「最近ゲームセンターというものができたらしいぞ。頭の体操になるから行ってみろ」と言うので、友達と一緒に早速行ってみました。中高一貫の進学校で、（僕以外は）理系の優秀な友達が多く、校則もさほど厳しくなかったのです。

そこで「ギャラガ」というシューティングゲームにみんなでハマり、「得点が

99万9999を超えたらどうなるのか？」という好奇心から、何日もかかって巻物のようなカラー版の研究地図を作成しました。当時は攻略本なんてありませんから、「次、右から敵が出て来るぞ！」とか言いながら、異様な迫力で没頭していると、ある時、不良の多さで有名な学校の生徒たちに声をかけられました。

「一体どうやったら、そんなにうまくなるんだよ？」

腕力で殴られたり、カツアゲされたりしていたら、展開は違っていたのかもしれませんが、なにせゲームセンターにおいては、ゲームが強いヤツに威張る権利があるのです。「じゃあ見ててよ」と教えているうちに、不思議と仲良くなっていきました。僕にとってはキッコちゃん以来の異文化との出会いであり、まさにダイバーシティだったと言えます（笑）。

そのゲームは、「得点が100万を超えたらまた0に戻る」ということがわかり、それを機に僕のゲーム熱は一気に冷めてしまいます。

時を同じくして、1983年に任天堂からファミリーコンピュータが発売。ゲーセンに通わなくても、家にいながらにしてゲームができるという歴史の幕開けでした。

この時、「もう親に怒られなくても、家でゲームができるんだ」と感動したものですが（家でゲームをしても怒られる時代は、やがてすぐに来るわけですが）、振り返ってみると、企業マーケティングというものは、「家の中で楽しみなさいね」という、引きこもりをつくるマーケティングの歴史だったのだと言えます。

ファミコンが登場し、ゲームセンターに行かずともゲームで遊ぶことができるようになり、VHSのビデオデッキが登場したことで、わざわざ映画館に足を運ばなくとも、家で映画を観ることができるようになり（その後DVD、ブルーレイと進化）、そしてついにインターネットが登場します。

高度経済成長時代に「子ども部屋」という概念ができて以降、庶民の暮らしから「お茶の間」というものもいつの間にか消えてしまったわけですが、代わりに現れたのが、「2ちゃんねる」や「ニコ生」に代表される「バーチャルリビング」です。実際のお茶の間はなくなっても、ネットの仮想リビングにいれば、参加感やライブ感を味わうことができる。はたから見れば、家に引きこもっているように見えて、じつは仮想友達がたくさん生まれるという、インフラが整っていきました。

つまり、「引きこもり」は勝手に生まれたのではなく、企業が生み出した産物だった。本来、マーケティングの歴史の中で「そういうひずみが生まれてしまったのだ」と考えるべきであり、大人たちが引きこもった若者を批判するのは、本来おかしな話なのです。

第3章のまとめ

⇩家にこもって三角座りをしていても、ヒットのネタは生まれない

⇩「土日の自分（消費者目線）」のままで、「月～金」を過ごそう

⇩人がネタにした情報は、すでに「賞味期限切れ」

⇩誰よりも早く、一次情報に触れるには、ひたすら「街歩き」

⇩まだキュレーション（まとめ）されていない、バズっていない「人が知らないもの」を探す目を持つ

第四章

SNSの「バズらせ方」

企画名　ウルトラ植物博覧会2016
西畠清順と愉快な植物たち
主 催　株式会社ポーラ・オルビスホールディングス
企 画　ソニー・デジタル エンタテインメント

「セルフィー」の時代

子どもや若者は、どの時代でも「楽しい場所」にいるのが常です。そして**今、若者はどこにいるのか？ その答えは、「スマホの画面の前にいる」**でしょう。

第三章でも述べたように、これまでの企業マーケティングは「家で過ごす時間を楽しむ」という引きこもりの文化を生み続けてきました。しかし、スマホの時代が到来し、状況はまた変わりつつあります。

スマホ文化の定着によって、以前は自宅で見ていたパソコンがワイヤレスになり、ゲームも映画も、すべてスマホ1台あれば外で楽しむことができるようになりました。スマホが街に飛び出したことにより、今度は何が起こったのか。答えは、「リア充（リアルが充実している人の略）までが、ネットを活用し始めた」のです。それまでは、誤解を恐れずに言えば、引きこもり文化の代表だったネットメディアが、リア充と呼ばれる人たちのフィルターを通して見える世界にまで広がった。すると今度はそれが起爆剤となり、ソーシャルメディアにさらなる威力が加わった。

「家の中から、街の中へ」。スマホは、ユーザーを再び家の外へと連れ出すムーブメントを作ったのですが、その代表例はなんといっても**「セルフィー（自撮り）」**でしょう。

2015年頃から、ホテルニューオータニのナイトプールが話題になっています。ビジターで訪れると、1万5000円という日本一高いプールですが、毎週月・火曜日のレディースデイはホテルの会員の女性なら5000円で入場することができます（2017年現在）。わざわざ並んで入るのに、実際はプールで人はあまり泳いでいません。

じゃあ、そこで一体何をしているのか？　というと、自慢の最新の水着を着て、セルフィーを撮っているのです。プール内で食事をするとお金がかかるので、セルフィーを撮るだけ撮って、その後はよその居酒屋に移動する人もいます。プールそのものでもなく、飲食でもなく、「セルフィーしたい場所」として、ホテルニューオータニのプールは一躍人気スポットになりました。

また、ニューヨークのメトロポリタン美術館のインスタグラムは、以前はフォロワー数が4000人程度でした。そこでフォロワー数を増やすための戦略として、ファンの多いインスタグラマーを数人雇い、「閉館後と休館日は、美術館を使って好きなことやっていいんだよ」と発信してもらいました。これは、SNSを使った広告タイアップ手法で、最近では「インフルエンサー・マーケティング」と呼ばれています。

そこで何をしたかというと、美術館の写真ばかり投稿しても話題にならないので、仮面舞踏会が開かれました。着飾ったインフルエンサーが友達とセルフィーを撮ったり、記念写真を撮ったり、いわゆる「インスタ映え」するライブ情報を拡散した結果、これが話題となり、フォロワー数が一気に35万人になったと言います。

このように、時代の気分やセンスを意識した**「セルフィー文化」**は、ユーザーがネットを通じて世の中を見ていた、これまでの「2ちゃんねる」文化とは真逆のものです。実際の場所に行って、「自分はリア充です!」とアピールするためのもの。「フェイスブックはハレの場」と言われる所以《ゆえん》でもあります。

セルフィーの背景には、美しい桜が咲いていていてほしいし、ブリトニー・スピアーズのライブに行ったら、なんとしてもその証拠を残したい。そんなセルフィーをSNSに投稿するために、今若者たちは外に出始めました。

「ライフログ」という、自分の人生をログに残したいという欲求が、人間には本来備わっているのかなと思います。古代人が壁画を描いていたのも、ライフスタイルを残したいという意図が直感的に働いたのかもしれません。そう考えると、「セルフィーは現代の自画像」という考え方もできます。

丸井グループの青井社長との会食時、「百貨店の来客数が減っている現状をどうすればよいか？」という話題になりました。例によって、僕が一方的にしゃべりまくっていたのですが（笑）。「今どき、デパートや美術館みたいに撮影禁止の場所なんて、ユーザーには全然魅力がないんです。セルフィーをしたくなるような空間があるのが前提じゃないと」とお話ししたところ、「なるほど」と納得されていました。ＳＮＳをうまく使うためには、話題になるようなセルフィーやシェアしたくなるようなインスタ映えする写真など、「ライブ感のある表現」をキーワードに、ユニークなアイディアを考える必要があるでしょう。

ⓘ プラントハンター・西畠清順氏との出会い

地球を一年間で7周くらい移動しながら、世界中を旅して珍しい植物を集めているプラントハンターという職業の男がいます。

普段、ネットでデジタルの仕事を多く手がけている僕ですが、プラントハンターという、超絶にアナログな生き方をしている西畠清順《にしはたせいじゅん》さんに、なぜか強く興味を惹かれました。

初めて会った時、彼は「植物のミッションは、〝生き残る〟ということ」という話を熱く語ってくれました。たとえば、椰子《やし》の実が海に浮かぶようにできているのも、たんぽぽの綿毛が風にのって遠くに飛んでいくのも、「自分たちの命を次につないで生き残ろうとしているためです」というのです。

また、「アガベ・ホリダ」という中南米に分布する、別名「センチュリープラント」という、珍しいサボテンの話も印象的でした。１００年かけて5～10メートルもの大きさまで成長するそのサボテンは、なんと花を咲かせるのは一生にたった一度だけ。100年後に一度、枯れる間際に花を咲かせて種を周辺に落とし、子孫を残してから、一生を終えるのだそうです

「つまり植物はそういう風にできているんです。人間とは違い、決して自死すること はありません」という彼の話を聞いて、「この人、植物の化身？」と、もう一瞬で彼のエネルギー量の虜になりました。

ほかにも、「ヒトは4億年の歴史しかないけれど、植物は40億年の進化の賜物である」とか「なぜ葉っぱはどれも〝パーのかたち〟をしているのかというと、太陽に向かって最大限に光合成をするため。つまり、すべて生き残るため」など、本当に興味深い話をたくさんお聞きし、以来僕は、植物の見方がすっかり変わってしまったほど。

ソーシャルメディア時代においては、「人がメディア」ととらえることがカギになります。

西畠清順さんのような魅力的な人の伝播力を、どう拡散するか。メディア人間として、「この人をもっと世に出さない手はない！」と思ったのと同時に、「神の見えざる手」としか言いようのない植物のデザインは、たかが4億年しか生きていない人間が

手がけるデザインをはるかに上回る。ならばそれを「アート」として見せたらどうだろう、と思い至りました。

しかし美術関係者に聞くと、「植物の展示なんて、聞いたことがない。なぜなら植物は生きているので、アートではないから」と言うわけです。つまり「人が任意でつくった造形物」というのが、アートの定義であるという。

「たしかに植物はアートじゃないかもしれないけれど、そのデザインは極めて人間に強い影響を与えているのでは？」と疑問を抱いた僕は、クライアントとしておつきあいのあるポーラ・オルビスホールディングスの鈴木社長に、「ポーラのブランディングになるような企画展を、銀座のミュージアムでできないか」と、プレゼンをさせていただくことにしました。

「ポーラミュージアムで、人が作ったアートではなく、自然が何億年もかけて作り上げたデザインであり、アートである不思議な植物を展示しませんか」。

ポーラの社長室に入ると、切り株のアートがたくさん置いてあり、もしかするとOKをいただけるのでは……と思ったところ、先見の明を持つ経営者の方はさすがに決断も早く、その場で「やりましょう！」と同意して下さいました。

プラントハンターの西畠清順氏と。写真の植物は、西畠清順氏がイエメンのタイーズという小さな村で出会い、心奪われたという「砂漠のバラ」。

ⓥ「セルフィーOK」で来場者数が新記録に

「ウルトラ植物博覧会」

かくして、「ウルトラ植物博覧会〜西畠清順と愉快な植物たち」の開催が決定しました。

コンセプトが決まったところで、次なるステップは、一人でも多くの人に来場してもらうための「プロモーション戦略」を考える段です。

20世紀型ビジネスの時代であれば、新聞広告を使ったり、予算があればテレビスポットも打ったりして宣伝するところですが、その場合は「とくに興味はない」という「ターゲット外」の人にまで届くので、言葉は悪いのですが「無駄打ち」になる可能性が高い。

でも、この「ウルトラ植物博覧会は、クチコミ効果のあるコンテンツである」と確信していたので、当初から宣伝はツイッターとラジオ、この2つだけに絞ろうと決めていました。AMラジオはTBSラジオがのってくれて、西畠氏をゲストに迎えた生放送の中で、大々的に宣伝をしていただくことができました。

じつは、ラジオもツイッターも、「人がメディア」という意味では、同じ特性を持っています。たとえばみのもんたさんが、ラジオで2万円くらいのネックレスを売ると、リスナーにはその商品が目には見えないのに、あっという間に完売してしまうそうです。みのさんが、そのネックレスの質感を話すだけで、リスナーは「欲しい！」と思う。つまりラジオはそれくらい気配を尖らせて聞くメディアであり、消費者の信頼も厚い。すなわち、ソーシャルメディアとは非常に相性がいいと考えました。

通常、美術展では写真はNGですが、撮影もセルフィーもOKにしたところも、大きな成功要因でした。繰り返しになりますが、**このウルトラ植物展のような規模のイベントでは、「広く浅く」よりも「狭く深く」。SNSを使った戦略の方が、プレミア感が色濃くなります**。世の中の全員が興味のあるイベントではないかもしれないけれど、こういうイベントが大好きな人にとっては、ツイッターなどでリツィートされる植物の写真やセルフィーを観ただけで、「絶対に行きたい！」となる。これは、一定のユーザーを狙い撃ちにする「ターゲティング広告」の仕掛けと同じしくみです。

ラジオ番組の方では、西畠さんが熱い植物愛を語ったのですが、「これを聞いた人は絶対観たいだろうな」「きっと、こんな人がこんな展覧会をやっているよと、口コミをしてくれるだろうな」と、さらに確信を持ちました。

「植物はアート」という発想がまずはキーになって、「見る場所は銀座しかない」というイベントであることを考えると、局地的に濃いメディアを使って、最初に来てくれる人がトレンドセッター（流行を仕掛ける人）になるような設計がいいだろうと考えたのです。実際にフタを開けてみると、ポーラミュージアムの来場者数で新記録を作るほど、大盛況。おかげさまで翌年も、引き続きの開催となりました。

展覧会という「ライブ」で、植物という「ライブ」を展示する。アイディアとＳＮＳ効果の相乗効果で、多くの人の興味関心を惹きつけた成功事例と言えます。

【展示コンセプトと課題】
プラントハンター西畠清順が世界中から集めた摩訶不思議な植物を展示。「生きた植物こそ、アートの原点」ということを多くの人に伝えたい。普段、美術館に足を運ばないユーザー層へのリーチも狙う。

総来場者数／45日間の開催で約2万8千名

会場構成を務めたのは、クリエイティブディレクター・緒方慎一郎氏（SIMPLICITY代表）。

陶芸家・内田鋼一氏による器とウルトラな植物たちとのコラボレーション作品も展示された。

22
45
44
41

21
19
40
16
25

⬇「ライブラリー」よりも「ライブ」

ソーシャルメディアにおいて、**ユーザーは「ライブラリー」よりも「ライブ」を求めています**。

アメリカのティーンの間では、「Snapchat」（スナップチャット。アメリカでは1億6千万ユーザーのお化けアプリ）が定着しています。通称スナチャは、スマホ用の写真共有アプリで、その最大の特徴は、送りあった写真や動画を一度見ると、10秒で自動的に削除されるということ。別名「自動消滅系アプリ」とも呼ばれていて、ほかのSNSのように写真の投稿は蓄積されないため、「瞬間の気分」のコミュニケーションを楽しむことができます。

ある高校生は、「写真をきれいに加工できるだけのインスタグラムはたんなるライブラリー。その点、スナップチャットはライブだから」と答えていたのが印象的でした（現在のインスタグラムには、スナップチャット同様に「自動消滅機能」が加わっています）。

つまり、今のユーザーが求めているのは、「思い出づくり」ではなく、いかに仲間同士で「体験」をシェアできるか。「ライブラリーよりも、ライブ」という風に、時代のムードは変化しました。

僕はテレビからネット業界に入った人間ですが、ニコニコ動画やニコニコ生放送（株式会社ドワンゴが運営する、動画や生放送番組にコメントをつけて楽しむ動画配信コンテンツ）のユーザーが増加しているのに対して、テレビ局のオンデマンドサービス（ユーザーの要求に対して番組を提供するコンテンツ）が伸び悩んでいる背景は、そこにあると考えています。

「オレたち、半世紀の歴史があるから」「膨大なライブラリーがあるから、ネット時代でも勝てるぜ」と踏んだのは、完全なテレビ局の誤算でした。今のユーザーは、たとえテレビ番組より作りが雑であっても、録画固定できないニコ生を見たがる。なぜならそこには「体験」という、これまでのテレビにはなかった新しいエンタテインメント性があるからです。

先見の明があったマドンナ

音楽の話で言うと、僕が中学生だった頃は、何ヶ月もお小遣いを貯めて、好きなアーティストのLPレコードを買うのが普通でした。A・B面あって、10曲ちょっとあって、一生懸命全部聴くので、「捨て曲」はなかった。ところが、CDの後にMDが出て、ランダム再生ができるようになると、自分のライブラリーの中で、小さなラジオ局ができるようになりました。

そしてさらに進化して「着うた」の時代になると、自分の欲しい曲だけを買えるようになり、パッケージ、抱き合わせで販売ができないために、音楽業界はデフレ化しました。時代はさらに進み、今や定額制で何でも聴き放題です。こうなると、1曲当たりの思い入れがあまりない。そのため、ヒットがなかなか生まれなくなりました。その代わりに何がヒットしたのかというと、みんな「ライブに行く」ようになったのです。「その瞬間を楽しむ」というライブにだけ、価値が残るようになった。

中には、この時代の流れを先読みしていたアーティストもいます。「これからは、CDが売れなくなる」とピンと来たマドンナは、それまで所属していたワーナーミュージックから、ライブ・ネーション（ビバリーヒルズに本社を構える大手興業会社）という、ライブを興行したり、グッズ販売を行ったり、いわゆる「360度契約」を行う会社に移籍しました。原盤を作り、プロモーションをし、利益を乗せて販売するCDは、あきらかに「20世紀型ビジネス」。これからはシュリンクしていくであろうと、ピンと来たのでしょう。

マドンナの移籍問題が話題になったのは、今から10年ほど前の2007年。「ユーチューブの台頭によって、楽曲そのものの価値はなくなり、やがてCDはおまけになる。でも、体験はお金には代えられない」と考えたマドンナは、アーティストであると同時に、マーケッターでもあったと言えるでしょう。

糸井重里さんが翻訳を手がけた『グレイトフル・デッドにマーケティングを学ぶ』（日経BP社）には、ライブ中心の活動でずっと儲けているという、伝統的なアメリカン・サザンロックのグループ、グレイトフル・デッドの21世紀型ビジネスが書かれています。彼らは70年代からすでに、ライブを中心としたビジネスモデルを構築し、当時からすでに、お手本となるような21世紀型のビジネスモデルを確立していました。

インターネットの普及で音楽が「ライブラリー化」したことにより、ブランド力は失われ、価格や買いやすさばかりが優先される「コモディティ化（機能や品質面で大差のない製品が多く流通する）」した21世紀。「もっとも価値のあるコンテンツ」は、原始的な生演奏＝ライブになったということを、マドンナ同様にグレイトフル・デッドも、先読みし、熟知していたということです。

ソーシャル時代は「人がメディア」

2015年にアメリカのティーン誌が、1500人のアメリカの13歳〜18歳を対象に「あなたにとってのセレブは誰か」というアンケートを行ったところ、なんとトップ10のうちトップ5がユーチューバーという結果になりました（151ページ画像参照）。6番目はハリウッドスターの故ポール・ウォーカー、7番目がジェニファー・ローレンス。ここでようやく「生きている映画スター」が出てきます。つまり、スマホ世代の若者たちにとっては、映画スターもユーチューバーも、同等の価値をもっている「セレブ」ということになります。

昭和生まれの僕としては、やっぱり「テレビや映画で活躍しているスターがすごい」と思ってしまうのですが、スマホの画面ばかり見てる世代が台頭している今、日本でも小学生の「憧れの人」が、日本最大のユーチューバー、HIKAKINであるという事実には頷けるものがあります。数年前、グーグル社がCMにさまざまなユーチューバーを起用したあたりから、ユーチューバーをはじめ、インスタグラマーといった、ソーシャルメディア上の有名人を「ソーシャルスター」と呼び、注目を浴びるようになっています。

「バイラルCM」と言って、フェイスブックやツイッター、ブログ等SNSの拡散を目的として制作し、ウェブ動画を使ったCMが急増しています。

バイラルCMは、SNSで「シェアしたくなる」ことを狙って作られているもの。わずか15秒や30秒間しか流れないテレビCMよりも、「面白かった」などのコメントつきでシェアされるバイラルCMは、「商品のストーリーが体験となって、ユーザーに確実に伝わる」と、最近はバイラルCMに予算を多くかける企業も増えてきました。実際、有名企業の多くは、「人をメディアにする」というマーケティングにシフトをし始めています。たとえば、前述のネスレ日本社やナイキといった企業は、テレビスポットを減らし、その分の予算をデジタルマーケティングと交通広告にシフトさせています。

具体例としては、2013年3月にコカ・コーラ社がインドとパキスタンの両国で行った「幸せに国境はない！Small World Machines」。このキャンペーンで使われた自動販売機「スモールワールド・マシーンズ」は、対立するインドとパキスタン

ハリウッドセレブよりもソーシャルスター!
米国のティーン向け雑誌「VARIETY」による「あなたに影響を与えた人物は?」というアンケート結果によると、トップ5が人気ユーチューバーという結果に。

の両国に設置された自動販売機の前で、それぞれの国の人々が絵を描いたり手を合わせたりすることでコーラが出てくる仕組みとなっています。これはユーチューブで約282万視聴を記録しました。コカ・コーラと言えば、世界中の誰もが知っている商品ですから、テレビCMでの商品認知はもう必要なく、「コカ・コーラが幸せの架け橋になる」というブランディング設計に注力し、SNSで成功した好例と言えます。

また、タイヤ販売を手がけるオートウェイは、雪道での運転の怖さをホラー「雪道コワイ」として表現したところ、そのCMが「本当に怖すぎる」と評判に。ユーチューブで動画公開をしたところ、リリース直後から話題となり、約700万ビューを達成。2013年でもっともシェアされた動画になりました。

ソニー・デジタルエンタテインメント社でも、2015年に映画『ドラえもん　のび太の宇宙英雄記』のキャンペーンとして、ユーチューバーを起用したバイラルCMを制作したことがあります。

この時の課題は、「ドラえもんを卒業した、小学校高学年〜中高生男子を映画館に誘致する」というものでした。幼児期〜小学校低学年くらいまでは、男の子が大好きなドラえもんも、高学年になると、ほかのアニメ作品に興味関心が移ってしまう傾向がありました。さらに「最近の小学生は、テレビではなく、みんなユーチューブを視聴している」という背景もあり、小学生に絶大な人気を誇るユーチューバーのＨＩＫＡＫＩＮさんを起用したのです（２０１7年現在、ＨＩＫＡＫＩＮさんのチャンネル登録者数は１０６０万人）。

そこで彼とともに、ドラえもんに関する動画を4本制作したところ、ＳＮＳでも話題を呼び、3日間で１００万視聴を突破。結果、６００万の動画再生数を達成し、映画の興行収入も前年度の35・8億円から39・3億円になり、＋10％増収ということで、映画のキャンペーンとしては大きな成功例となりました。

業界側の理屈で言うと、テレビはネットよりもはるかに歴史があり、仕掛けも大きくてお金かかっているのですが、ユーザー側からすれば、40インチのテレビ画面であろうが、5インチのスマホだろうが、視聴に費やす時間は同じ。それよりも、より長く視聴し、「思わずＳＮＳでシェアしたくなる」メディアからスターが出てくるのは当然の流れと言えるでしょう。

「ウェブ動画」をバズらせる戦略にシフトしたことで、テレビスポットに比べると、

https://www.youtube.com/watch?v=eXGR7jncVJg（2017年現在840万視聴）

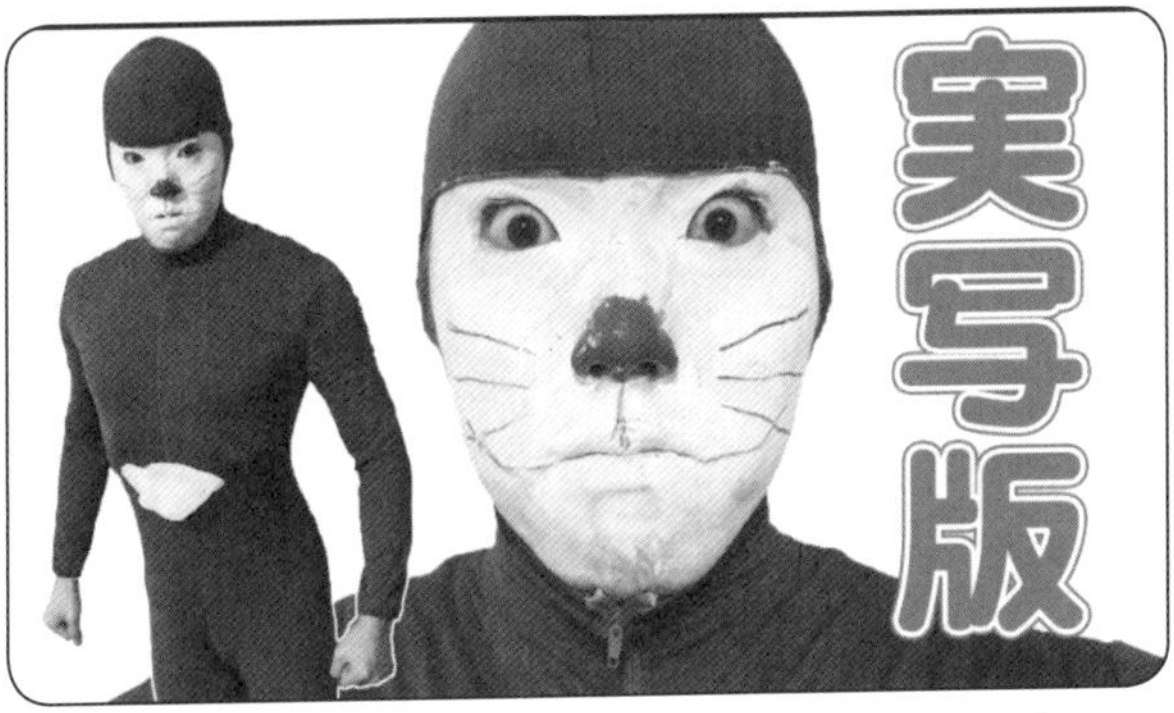

https://www.youtube.com/watch?v=8tmlOafraCQ（2017年現在710万視聴）

映画『ドラえもん　のび太の宇宙英雄記』のPRに、人気ユーチューバー・HIKAKINを起用。ユーチューブで公開されたタイアップ動画は、多くの視聴数を記録。（企画／ソニー・デジタル エンタテインメント）

実際の作業量は増えてはいるものの、ＳＮＳでの拡散や口コミの効果で売上自体は上がっています。つまり、**多額の広告費を投入してメディアを買うのではなく、「人をメディアにする」あるいは「自分がメディアとなる」という、ＳＮＳの使い方を熟知し、うまく使っている人、企業こそが、ものをたくさん売り、多くのヒットを産んでいる**わけです。

SNSの特性にハマったトランプ大統領の戦略

有名無名問わず、上手く使えば誰でも、少ない資産で大きな数字を生むレバレッジとなって拡散していく。それが、ソーシャルメディアの大きな特徴です。

ある商品を売り出したいけれど、大企業のような広告予算はない。その代わり、「知恵を使ってPRしていきたい」というケースでは、SNSの使い方次第で、大きな武器となります。

とくにトランプ大統領の場合は、大統領選から現在に至るまで、SNSというメディアの特性を知り尽くした戦略を立てています。

SNSを使った少額課金で選挙資金を集め、当選したことで話題になったのは、オバマ前大統領です。それ以前は、金持ちを相手に資金集めをするという「ティーパーティー」が一般的な戦略でした。しかしオバマ前大統領は、小口寄付者（庶民）を数多く集めることによって、大口寄付を上回る戦略へと切り替えた。これが、オバマ前大統領の武器となったわけです。そして現大統領のトランプ氏が選んだのは、徹頭徹尾、「自分がソーシャルスターになる」というSNS戦略でした。

そのマーケティング戦略とは、**「ヒール」と「炎上」を組み合わせたこと**。あえてヒールを演じ、物議を醸し出す発言を繰り返すことによって、批判や反発が沸き起こるものの、そのこと自体がニュースとなって注目が集まる。トランプ氏は、そうしたSNSの特性をよく理解し、武器にしたことによって、「今最も影響力のあるソーシャルスター」にのし上がることに成功しました（今後のアメリカの政策の行方はべつとして）。恒例行事となった朝のツイッターのつぶやきは、みなさんもご存じのとおり、株価を動かすまでになっています。

月刊誌『ウェッジ』（2016年7月号）に掲載されている映画評論家・町山智浩氏の考察によると、トランプ氏はかつて、アメリカのプロレス団体WWEの会長ヴィンス・マクマホン氏とプロレスの対戦をした経緯があります。トランプ氏は、「自分の方が団体をうまく経営できる」と言って乗っ取りを宣言、「バトル・オブ・ザ・ビリオネアズ（大富豪の対決）」と呼ばれたこの対決は、大きな話題になりました（もともと二人は朋友であり、この闘いはもちろんエンタテインメント上のものだったのですが)。

今となってはにわかに信じがたいことに、それ以前のトランプ氏の人物評は、「紳士的で寡黙なビジネスマン」というものでした。しかし彼はこのプロレスの経験で初めて白人労働者層の熱気に触れ、「9割が貧しい共和党の支持者を味方につける」というマーケティング戦略にたどり着きます。つまり、「プロレスファンには貧困層が多い」「貧困層にはヒール支持者が多い」「貧困層には共和党支持者が多い」というロジックから、本来の自分とは異なる「ヒール」を演じることであえて炎上を煽り、大統領選ではヒラリー氏よりも票を取り込むことに成功したのです。

2016年秋の大統領選では、彼の駆使した二つの手法がさらに効果を増しました。その手法のひとつは、アメリカで1200万人フォロワーを誇るおばけアプリ、「フェイスブック　ライブ」というSNSツールです。これはフェイスブックのライブ動画配信機能で、フェイスブックを見ていると、自動的にライブが立ち上がるという、じつに強制的なメディアです(日本では2016年から利用可能)。一度に1000万以上もの人が見るメディアですから、これまでの4媒体を使ったヒラリー・クリントン氏よりも、何倍も多い選挙演説をライブで見せたことになります。

もうひとつは、アメリカのリアリティ番組「カーダシアン一家」に出てくるような、ちょっとおバカな人物をあえて演じたことです。アメリカで最も長く続いているリアリティ・ショー『カーダシアン家のお騒がせなセレブライフ』に登場するカーダシアン家とは、一家全員がスターで、その恋人も有名人。この一家は、毎度ゴシップニュースのような事件ばかり起こし、アメリカでは絶大な知名度を誇っています。

話をトランプ氏に戻すと、彼は「ソーシャルスター」を自認することによって、自分がピエロになることもよく理解していたはずです。ハチャメチャなリアリティ・ショーの登場人物のごとく、過激な発言を繰り返す。すると、「あいつはいい加減そうではあるけれど、人間臭くて、本当のことを言っているんじゃないか」と親近感が湧き、良くも悪くも注目を集める。そんな自己演出力は、ソーシャルスターの重要な要素でもあります。

このようにしてトランプ氏は、通常のメディアでは伝え切れない、ソーシャルメディアならではの特性をすべて取り入れた戦略を立てたのです。こうした背景から、トランプ氏は、「突然現れたモンスター」ではなく、SNS効果を熟知している「優れたマーケッター」なのではないかと僕は見ています。

↓「中の人」の素性は、あえて見せる

以前、NHK広報のツイッターが、「イメージに反してユーモラス」と、絶大な支持を集めて話題になりました。

「N＝ナカノ、H＝ヒトハ、K＝カタイ」「今日のランチはプリンだけ」など、初代「中の人」のつぶやきが、NHKらしからぬお気楽さとゆるさで、数多くのリツイートで拡散されていったのです。これは、NHKのSNSが「法人」という枠を超えて、人間的な一面を覗かせたことにユーザーが好反応を示したという、わかりやすい事例と言えるでしょう。

英国の巨大企業ヴァージン・グループ創設者のリチャード・ブランソン氏いわく、「45歳以下の重役はSNSで自信をもって発言できなければ、もう経営者にはなれない」。「自分はシャイだが、公の場にはなるべく顔を出すようにしている」という、ブランソン氏の考え方には僕も大いに賛成です。

前述のNHK広報のツイッターのように、「中の人」をあえて見せていくというのは、戦略として正しい。余談ですが、2017年1月、突然チェーンソーを振り回しながら「オレはユーチューバーなんだから、早く荷物を出せ！」と宅配会社を脅した男が逮捕されるという事件がありました。彼の素性も目的もよくわからず、世間はナゾに包まれましたが、時代の気分は表していました。

第1章でも触れましたが、SNSは「発信する側の人間性が問われる」メディアです。米大統領選においても、トランプ氏は「あいつはコロコロ言うことが変わるが、それが人間臭い」と、共和党支持のホワイトカラー層の気持ちをつかみました。

そのこと自体の良し悪しを言っているのではありません。**「中の人」を見せた時、そこには確実に、「共鳴共感を感じてくれるユーザー」がいる。そういうマーケティングができているのであれば、どんどん素性を出して、発信していけばいい**。僕自身も「企業の体裁」としてだけではなく、何を考え、どんなことを語っているのか、自分のキャラクターを織り交ぜながら、SNSや自社の公式サイト、ブログなどを活用し、世間に見せていくことを心がけています。

ⓥ「今、ない要素は何か」を探る

クリエイティブディレクター並河進《なみかわすすむ》さんが手がけた「WITHOUT MONEY SALE」という実験的なウェブサイトがあります。

たとえば、美味しそうな紀州の梅干しが紹介されているのですが、じつはこれはお金では買えないしくみです。「いい感想文を送ってくれた人にだけ」、あるいは「いい写真撮ってシェアしてくれた人にだけあげます」など、毎回テーマは違うのですが、いろいろお題に答えた人だけが商品を手に入れることができる。

暗に「お金で買えないものもある」ということを教えているサイトなのですが、このように、「いかに他人が考えつかないような、ユニークなアイディアを出すのか」。それこそがまさに、最強のマーケティングツールになると思います。

僕が「今はない要素は何か」を考える時、必ずといっていいほど思い出すのが、天才編集者・内田勝（故人）さんが仕掛けた、『巨人の星』という大ヒットマンガの誕生秘話です。

1960年代中頃、『週刊少年マガジン』(講談社)と『週刊少年サンデー』(小学館)は、二大ライバル誌でした。当時、大いに部数を伸ばしていたのは少年サンデーの方で、藤子不二雄もいれば手塚治虫もいて、コメディや恋愛、SFまで、さまざまなジャンルの面白い作品が揃っていました。少年マガジンは、その後を追う形だったのですが、そこへ『週刊少年マガジン』3代目編集長として就任したのが、内田さんです。ちなみに内田さんという方は、講談社に入社するまで、まったくマンガを読んだことがなかったと聞いて驚きました。

そんな背景から、マガジンの現状を立て直すべく、内田さんは編集部員全員を宿舎に集め、三日三晩泊まり込みで「これからのマンガはどうあるべきか」を考えたといいます。それはちょうど巨匠・手塚治虫氏の「マンガは子どものおやつである」という意見が話題となっていた頃。この発言は、「マンガは毒だから読んではいけない」という当時の風潮に対して一世を風靡《ふうび》し、話題になったのですが、内田さんはその説をもっと推し進めようと考えました。「これからの時代、マンガは子どもの主食である」と、マンガを本格メディアとして捉える戦略に打って出たのです。

小説が圧倒的なメディアだった時代に、「小説にも勝るマンガのプロットは何か」について編集部員たちと話しあった結果、「親子関係をテーマにした本格的ストーリーは、今の少年マンガ誌にはないのではないか」と思い至ります。そして、「父子鷹《おやこだか》」（勝海舟の型破りな父・勝小吉を主人公にした、子母澤寛《しもざわかん》による小説で、テレビドラマ化もされている）というキーワードから生み出されたのが『巨人の星』です。

また、内田さんは「親子」というテーマだけにとどまらず、「原作者と作画を分ける」という、原作マンガの取り組みでも勝負に出ました。当時、大人向けの貸本にしかなかった劇画マンガを少年漫画に取り入れたこと。そして、まだマンガの価値が低く見られていた時代に、梶原一騎という小説家にマンガ原作を書かせたこと。今までの既成概念にはなかった要素をすべて取り入れ、仕掛けたことにより、『巨人の星』は大ヒットマンガとなったのです。

内田さんの信念は「人の行く裏に道あり花の山」。これは名もない投資家の格言で、「投資で儲けようと思ったら、みんなが同じ会社の株を買っているときに同じ株を買っても、希薄化が起きるだけ。狙い目は裏道や寄り道にある」という意味だそうです。

「奇の発想」と呼んでおられましたが、みんなが見ているものに目を向けるだけでなく、「もっと他に面白いことあるんじゃないか」と、裏道を行ったり、寄り道をしたりする思考性にカギがあります。

第2章でも少し触れましたが、僕がまだソニー・ピクチャーズエンタテインメントに在籍していた時、「.iモードなんて子ども向けのコンテンツだよ」という風潮の中、当時の上司の反対を押し切ってまで、.iモードのプロバイダービジネスを手がけたのは、この『巨人の星』誕生秘話が大きくインスピレーションを与えてくれたためです。若者たちの利用により、年間2000億円のマーケットに成長していた.iモードコンテンツは、当時すでに、映画の興行成績と同じ売上に達していました。しかし、大人はまだ誰も、そのことを知らなかった。僕はそこに、1965年の少年マガジンが置かれた状況を重ね合わせ、「今はない要素がここにある!」と直感したのです。

考古学者になると「ヒットのしっぽ」が見えてくる

ヒットコンテンツを生み出そうとする時、大抵は数字的なエビデンス（証拠《しょうこ》）ばかりが重要視されます。が、それよりも「絶対に欠かせない！」と僕が思うのは、「人文的価値」という見方や考え方。それは次のふたつの要素から成り立っているものです。

①右脳的な「センス」や直感的な「アイディア」

②あるコンテンツに対して、「これはいつ、どこから始まったものなのか」「そして今、どの位置づけにあるのか」という歴史的な位置づけ

この2つにおいても、①についてはみんな重要視しているものの、②は意外に見落とされているように思います。前述の『巨人の星』の話は、まさに②の好例と言えるでしょう。当時の編集長だった内田さんは、それまでのマンガの歴史から「今までになかった要素」を紐解《ひもと》き、「今の位置づけはここ」と演繹的《えんえきてき》にとらえて、少年マガジンを100万部にまで発展させることに成功したのです。

僕も、この「人文的価値」を高めるべく、出されたお題について考える時はいつもさまざま文献を集め、その歴史から徹底的に調べることにしています。

たとえば、NPOのファンドレイジングとして「クラウドファンディング」を企画する時も、「寄付」という概念の歴史から紐解きました。

クリエイターがインターネットで少額の寄付を募るクラウドファンディングは、アメリカが本家かと思いきや、じつはその歴史的始まりは日本ということを知り、とても驚きました。発起人は聖武天皇（発起人なんていったら怒られるかもしれませんが）で、8世紀頃、あまりにも干ばつや飢饉、疫病などの災害が起きることから、「みんなでお布施を集めて大仏を造ろう。そして天の怒りを収めよう」と、庶民から寄付を募ったのです。この、庶民救済のための布教活動は「勧進《かんじん》」と呼ばれ、それによって造られたのが東大寺の大仏。奈良新聞の調査によれば、この勧進には260万人もの人が参加して、4657億円（現在価値）を集めたと言われています。

歴史の流れを見ると、「あんた金持ちなんだから、ちょっと神社でも造ってよ」という時代があって、「人知れずコツコツ、みんなで少しずつお金出しあって、この世界を良くしていこう」というコンセプトもたしかにあったわけですね。日本人のDNAには「積善陰徳の思想」が脈々と受け継がれているけれども、ネットメディアが発達したことによって、誰もが簡単に社会貢献に参加することができ、豊かな気持ちになれる時代になった。それって、すごいことだと思いませんか。


ソーシャルメディアも、人間が作ったひとつの文化です。ならば、この現代社会においても、古来日本と同様に「社会を良くするためのアイディア」は、人の心をつかみ、充分ヒットコンテンツになりうる。そう考えると、未来の変化をあれこれ憂うよりも、いっそ僕たちは考古学者になるべきではないでしょうか。

考古学者は、太古の石の中から未来を見る。だから僕たちも、その状況がどこから始まったのかを分析し、今はどの位置づけにあるのかを考古学的視点でとらえることで、ヒットのしっぽは見えてくるはずです。

アイディアは「組み合わせ」で決まる

僕は自分の仕事を「アイディアを売る、セールスマン」と位置づけています。理由は、このソーシャルメディア時代を生き残るために、絶対的に必要なものは、アイディアであり、ブランディング力だから。企業であれ、個人であれ、アイディアを持たなければ、ソーシャルメディアにおける「シェア」の流れの中に入っていくことはできません。アイディアをベースにしたストーリーをどう作っていくか。どの企業も、SNSでシェアしてもらうために、みんな知恵を絞って考えています。

とはいえ、映画でも音楽でも、ありとあらゆるコンテンツが出尽くしている今、ゼロベースでオリジナルのアイディアを生み出すのは並大抵のことではありません。そこですでにあるものや、ヒットコンテンツを参考にしながらあれこれ考えるわけですが、ただ模倣するだけでは、「二匹目のドジョウ」で終わってしまうでしょう。

ソニー・ピクチャーズエンタテインメント時代、アニメ専門チャンネルの「アニマックス」の立ち上げに関わった時のことです。すでに「カートゥーンネットワーク」

と「キッズステーション」の二大チャンネルがあり、「アニメの専門チャンネルは3つもいらない」というのが、大多数の意見でした。その時、僕はまず、既存の2つのチャンネルの特性に注目しました。

『テレタビーズ』を放送していた「キッズステーション」が未就学児向けの知育番組をメインにしているのに対して、『トムとジェリー』などを放送していた「カートゥーンネットワーク」は、幼稚園児から小学生が対象でした。そこで、「幼児から小学生までのアニメチャンネルはあるけれど、大人向けはないな」と、そこにまだ、見つけられていない隙間があることにピンときました。

マンガ『巨人の星』の誕生秘話と、内田勝さんの仕掛けについては前述しましたが、講談社の『少年マガジン』は僕が生まれた1965年当時、メインターゲットを高校生に設定していたことを思い出したのです。よく考えてみれば、『機動戦士ガンダム』や『ドラゴンボール』シリーズなど、大人がハマって観ているアニメは多数ある。そこで、「大人が楽しむアニメチャンネルがないのはなぜだろう?」という疑問から、アニマックスは生まれました。実際に、「大人が楽しむ」をコンセプトにしたところ、わずか3年で2大アニメチャンネルの視聴率を超え、アニマックスは大ヒットコンテンツとなったのです。

既存のコンテンツを模倣したり、参考にしたりする際にも、法則があります。勝手に**「二番手の法則」**とネーミングしていますが、模倣しようとしている対象の背景には、どういう時代の気分があるのか、分析し、よく考えるようにしています。

子どもは大概、興味関心をもったものは、まず分解します。大人がアイディアを考える時も、「分解してみる」まではやる。でも、分解した後、「ないものはなんだろう?」「なぜ、ないんだろう」と、さらに深掘りしていくまでには至らない。物事に対する好奇心は普通、前述のNPO法人「ホームドア」の川口加奈さんのように、いきなり「使命感」が立ち上がるのではなく、「なぜだろう?」という疑問から始まるのではないでしょうか。

オリジナルが出尽くした今、すべてのコンテンツは「組み合わせ」によって成り立っています。車にたとえると、「このマフラーはチェコ製だけど、気圧を変えるのは中国製の部品が得意なんだよ」とか。まだ世の中にはない、ユーザーが求めているものにたどり着くには、何をどう組み合わせればいいものになるのかを考えることによって、突破口が見えてきます。

シェフ・ワトソン（人工知能）×獺祭（日本酒）×蜷川有紀（画家）

本章の最後に、「アイディアの組み合わせ」が勝因となったプロデュース事例もご紹介しておきます。

2017年5月、パークホテル東京（汐留）にて、かねてより親交の深い画家・蜷《にな》川有紀《がわゆき》さんの展覧会「薔薇の神曲」のお披露目を兼ねた、レセプションパーティーが行われました。イタリアの詩人ダンテの名作『神曲 地獄篇』をテーマに、蜷川有紀さんが1年半かけて描きあげた高さ3メートル×幅6メートルの大作「薔薇のインフェルノ」をはじめとする新作の展示で、パークホテル東京 のアートラウンジを「神曲」の世界観で埋め尽くす、というのが、レセプションのコンセプト。このパーティーの企画プロデュースを担当させていただきました。

展覧会の目的は、「絵画を買ってもらうこと」です。蜷川さんの作品テーマや、「絵画を購入する」というステータスから考えると、ターゲットはソーシャルメディア上でフォロワーの多い大人のセレブになります。中でも、文化的素養があり、知的好奇心の高い方に来場していただくことが、レセプションの成功につながるはずだと確信しました。

蜷川さんの作品は世界観が非常にフェミニンなことから、彼女のファンの多くは女性です。が、前述のターゲット層から、このパーティーではあえて「男性にも楽しんでいただくパーティー」という点をサブテーマに据えました。

プロジェクトの協賛企業に名乗り出て下さったのは、日本酒の「獺祭《だっさい》」で知られる旭酒造《あさひしゅぞう》株式会社です。お声がけをさせていただいた理由は、「獺祭」が男性に人気が高いブランドのお酒である、という背景から。

次に考えなければならなかったのは、この獺祭と、シェフ歴20年のパークホテル東京・小島健料理長による料理をどのようにコラボレーションするのか。「酔うため、売るための酒ではなく、味わうための酒」という、理念をお持ちの旭酒造さんに納得していただくコラボレーションにするためにも、また、獺祭を使用し、かつ蜷川さんの作品をイメージさせるレシピを生み出すためにも、ここは自分のブランディング力の見せどころでした。

旭酒造の桜井博志会長へのプレゼンまで、タイムリミットは刻々と迫っていました。

焦る気持ちから、会長の自伝を拝読したところ、「獺祭は、日本酒であって、日本酒ではない」という一文が目に止まりました。じつはこの一文が、僕に大きなヒントを与えてくれることになります。「日本酒×和食」という組み合わせは、当たり前。でも、「日本酒であって、日本酒ではないお酒というならば、ワインのような感覚で味わえる料理がいいのかもしれない」と思いつきます。

また、その頃はちょうど、人工知能「ＡＩ」の情報をいろいろと集めていた時期でした。

「人知を超えた酒造りの領域である日本酒の世界と、人工知能が作り出す料理のレシピ。これをコラボしたら、一体どうなるだろう？」

このアイディアが閃いた時、僕の頭の中にはすでに、「蜷川さんの作品×日本酒の獺祭×人工知能のシェフ・ワトソン」というコラボが出来上がっていました。

「シェフ・ワトソン」とは、ＩＢＭ社が開発しているコグニティヴ・コンピューティング・システム「ワトソン」（コンピュータが自ら考え、学習し、自らの答えを導き出す）のテクノロジーをベースに開発された料理アプリです。ＩＢＭ社により、食材を分子レベルに落とし込んで分析し、調理パターンに関する情報を収集した人工知能が搭載されています。使いたい食材を入力するだけで、じつに9000以上のまったく新しいレシピを提案してくれます（現在は英語版のウェブアプリのみ）。

コラボ実現に向け、IBM社にご相談をしたところ、早速現地のご担当者の方につないでいただけることに。正直、「ダメ元」半分の気持ちもあったのですが、提案後しばらくして、じつに粋な回答が返ってきたのです。

「OKを出すには、ひとつだけ条件があります。それは、まだ誰も味わったことのない、美味しい料理を作ること」。

かくして、この「まだ誰も味わったことのない」、そして見たこともないコラボ案に対して、旭酒造の桜井会長も即決「OK」。僕たちは、シェフ・ワトソンの生み出すレシピを目の当たりにしました。

「獺祭」「イタリア」「薔薇」「赤」などのキーワードをもとに、シェフ・ワトソンは、人間では考えつかないような斬新なメニューを導き出します。たとえば、見た目のインパクト抜群のパスタ「獺祭ボロネーゼ薔薇のインフェルノ」。蜷川さんの作品の「薔薇のインフェルノ」から真っ赤な色をイメージし、ビーツで色付けをしています。

中でも「美味！」と評判が高かったのは、肉料理の「獺祭の煉獄ロースト～スイカソース添え」。この肉料理は、ダンテ神曲第2部「煉獄篇」をイメージしたものですが、鰹節とバターの入ったソースは、魚介系の旨味とバターの甘さが非常にマッチしていました。パークホテル東京の小島料理長も「こんな組み合わせは到底思いつかない」と驚かれたほどです。

アート展示だけに終わらず、来場者に「体験を提供したい」という狙いから、さまざまなコラボレーションを考えたこのプロジェクトですが、必要最低限のSNS告知だけで、レセプションパーティー当日は想定120名のところ、450名もの方にご来場いただき、企画としては大成功になりました。ターゲットを絞ったブランディング戦略と、アイディアの組み合わせで勝利したコンテンツと言えるでしょう。

余談ですが、シェフ・ワトソン考案のデザート「獺祭ライスミルクフラン」は、じつは最初の試作段階では、美味しくありませんでした。でもこれには理由があり、シェフ・ワトソン提案の海外のライスミルクは、日本のものとは成分がまったく違っていたのです。当初は日本製のライスミルクを使用したために、加熱によって成分が変化してしまった。その解決策として、フランには獺祭を使い、ソースには獺祭の原材料である山田錦の米粉から生まれたライスミルクをかけ、「シェフ・ワトソン×料理長」のアレンジメニューに変更することで、パーティーにお出しする際には、とてもおいしい料理に仕上がりました。

この体験が僕に教えてくれたのは、「AIというのは、人間の叡智を組み合わせることによって、ヒトのクリエイティビティを高める」という点です。

近い将来、AIが人間の仕事を奪ってしまうのでは、という説がよく聞かれますが、「AIにテーマを与えていくことが、未来の人間の大きな仕事になるのではないか」と僕は考えています。人間のクリエイティビティをもっともっと引き出してくれる存在としてAIが現れた。そう考えると、SF映画に出てくる「恐ろしい敵」に思えたAIが、急に身近な存在に感じられるように思えます。

そんな未来を実現するためにも、僕たちマーケッターやクリエイターは、AIをはじめ、VRやARといったテクノロジーを活用したアイディアを生み出し、さまざまなコンテンツのブランディングに結びつけていかなくてはならない。

ソーシャルメディア時代に生きる僕たちは、早くも、もう次の新しい課題に取り組まなければなりません。

上／画家・蜷川有紀氏がダンテの『神曲 地獄篇』をテーマに岩絵具で描きあげた高さ3m×幅6mの大作「薔薇のインフェルノ」。
中／協賛は日本酒「獺祭」の蔵元として知られる旭酒造株式会社。シェフ・ワトソン考案のレシピにも、獺祭が使用された。

上・下／ダンテ神曲第2部「煉獄編」をイメージしたという、「獺祭の煉獄ロースト スイカソース和え」。

上／シェフ・ワトソン考案レシピのパスタ「獺祭ボロネーゼ 薔薇のインフェルノ」。蜷川氏の作品の真っ赤な色をイメージし、ビーツで色付けしている。下／デザートの「獺祭ライスミルクフラン」。ライスミルクとは、米粉から作った清涼飲料水。

蜷川有紀展「薔薇の神曲」

YUKI NINAGAWA Exhibition La Divina Commedia Della Rosa

主催 ソニー・デジタルエンタテインメント

共催 男子専科

協賛 旭酒造株式会社

協力 WATER DESIGN、JAPANGIVING、株式会社なか道
日本アイ・ビー・エム株式会社

特別協力 パークホテル東京

後援 イタリア大使館

第4章のまとめ

⇩**SNS戦略のキーワードは、「セルフィー文化」**

⇩セルフィー、シェアしたくなるような「ライブ感のある表現」は基本

⇩ユーチューバーやインスタグラマーなど、「ソーシャルスター」に注目する

⇩ヒットを仕掛けるためは、「今まだないもの」を探す

おわりに

「福田 淳」の作り方

3カ年計画は立てない。

僕は起業して以降ずっと、偶然性を大切にするために、このことをモットーにしています。

30代の頃、生意気ながら、当時の社長にこう言ったことがあります。

「3年前に考えた〝今〟は、〝今〟でしょうか」

3年先のことは誰にもわからないし、予測したところで、変化の激しいこの業界ではそもそも意味がない。

実際、ソニーのウォークマンだって、発売前は「録音機能もついていない、こんなものが売れるわけがない」と役員会議で大反対をされたのは有名な話です。iPhoneも発売当時、「こんなバカでかい画面のもの、絶対に売れない」と言われていました。一体誰が、スマホの登場によって、長きに渡るビジネスモデルが崩壊していくことなど予測できたでしょうか。米大統領選でも、ベテラン政治家のヒラリー・クリントンを抑えて、鳴り物入りのトランプ氏が勝利するなんて、誰もわからなかったはずです。

この先、自分専用ドローンが当たり前になり、AIが完成したらライフログを全部取ってくれるようになり、メールもチャットアプリも要らなくなるかもしれません。わずらわしい仕事は全部AIに任せて、みんなもっと遊んだり、面白いことを考えたりすることに集中する未来が待っているかもしれません。

そんな幸せな未来に思いを馳せながら、本書の最後に、僕の「ビジネスマン」としての資質を作って下さった大先輩について紹介したいと思います。

それは、新卒でお世話になった東北新社の創業者・植村伴次郎さんであり、衛星放送「アニマックス」を作った宗方謙さんであり、『週刊少年マガジン』を大成功させた編集者・内田勝さんであり、コンセプトカー「Be-1」を開発した坂井直樹さん。この4人の大先輩との出会いがなければ、「今の自分はない」といってもいいでしょう。

東北新社の植村さんは、右も左もわからない20代の僕に、世界のすべてを教えてくれました。ハリウッドの人たちとの仕事のやり方、建築・インテリアの見方、政治の世界の力学。すべて、植村さんから学びました。

30代の時を一緒に過ごしたソニー・ピクチャーズエンタテインメントの社長（当時）だった宗方さんは、いつも「ゲームプランを考えようぜ」と声をかけてくれる、頼もしい兄貴でした。「考えて考えて、考え抜いたプランの方が、単に直感だけで始める仕事よりもよっぽど面白いのだ」ということを教わりました。わずか数ヶ月で、3つも4つも衛星放送を立ち上げていた多忙な時期にもかかわらず、夜遊びもたくさんしました。

40代で創業したソニー・デジタルエンタテインメント社の初代顧問を務めてくれた内田勝さんからは、プロデュースすることのポイントや知識の活かし方を、膨大な書籍情報や人脈から教えていただきました。顧問をお願いした際、内田さんからは、「提案・助言はするが議論はしない」と言われました。これは、社長になりたての僕に配慮した発言であり、かつ「自分でよく考えて判断するのが社長というものだよ」という教訓であったと、今も感謝しています。

そして、マーケッターの大先輩であり、数々の成功体験をお持ちのコンセプター坂井直樹さんは、50代になった僕に、強く影響をもたらしている方です。ある時、「福田さんと私はどうやらプランドハップン（計画的偶然タイプ）だよね」と言われました。まさに「我が意を得たり」。「石の上にも三年」などという常識に反して、自由に働くことを教わりました。


この4人の偉大な先輩方のＤＮＡが、「福田 淳」の血となり、肉となっています。

そして、このあとアカデミー賞受賞者のように続く謝辞は、読者の方には無縁な内容かもしれませんが、ここに記しておくことをお許し下さい。

まず、大学からの大親友であり、ソニー・デジタルエンタテインメントでも仕事を一緒にした高松秀くん（2016年に50歳で夭折《ようせつ》）。彼がこの世からいなくなり、寂しさから立ち直れずにいたところ、久しぶりに再会したのが、これまた18歳の学生（日大芸術学部）からの友達だった井尾淳子さん。彼女は長く雑誌や本の編集者をやっていて、「福田くんの話は面白いから、本にできないかなぁ」と提案してくれたことがきっかけで、本書が実現する運びとなりました。つまりこの本は、この二人の友達がいなければ出来なかったわけであり、人の運命というのはわからないものです。本当に本当に、ありがとう。

帯を書いてくれた〝のん〟にも感謝。〝のん〟とは大ヒット映画『この世界の片隅に』のキャスティングでかかわらせてもらった。あのオーラ、あのユニークさ、あのガッツ。

その力強いエネルギーをこの本にもお裾分けしてくれてありがとう。

そんな調子で偶然を生きてきた僕が、あと半世紀くらいはこの世で元気に大暴れするためにも、この本を出版する必要がありました。でも、前述の通り、不思議な偶然が重ならないとできなかったことも、また事実。

「偶然のしっぽを捕まえること！」

このしっぽは、いくらお金を用意していても、積極的に営業していても現れてはくれません。常に「素振り」を忘れずに、いつも打席に立つことだけを考えて、そしていつかヒットを放つ。

それから、自分の周りにいる人たちに、もっともっと感謝をした方がいい。できれば「ありがとう」の言葉も伝えた方がいい。

そうしたら、打った球がたとえファールでも、周りの人たちは、きっと拍手喝采してくれることでしょう。

２０１７年12月　福田淳

福田 淳（ふくだ・あつし）

ブランド コンサルタント。1965年、大阪生まれ。日本大学芸術学部卒業。衛星放送「アニマックス」「AXN」などの立ち上げに関わったのち、2007年にソニー・デジタルエンタテインメントを創業し、初代社長に就任。ソーシャルマーケティングの代表的企業として成長させた。NPO法人「タイガーマスク基金」の発起人をはじめ、多数のNPOや企業をコンサルティング。文化庁、経済産業省、総務省などの委員を歴任。2016年、世界初の「VR Art Gallery」を東京に開廊。2017年、新しい世界を切り開くリーダーとして、カルティエ提供「チェンジメーカー・オブ・ザ・イヤー2016」を受賞（by 日経BP）。

SNSで儲けようと思ってないですよね？

世の中を動かすSNSのバズり方

2017年12月4日　初版第1刷発行

著者	福田 淳
発行人	清水芳郎
発行所	株式会社　小学館
	〒101-8001　東京都千代田区一ツ橋2-3-1
	電話　編集 03-3230-5446
	販売 03-5281-3555
印刷所	萩原印刷株式会社
製本所	株式会社若林製本工場
ブックデザイン	細山田光宣、藤井保奈（細山田デザイン事務所）
企画編集	井尾淳子
編集	木村順治

ISBN978-4-09-388552-2